Bruja moderna

ASTROLOGÍA, CRISTALES, ORÁCULO Y OTROS
RITUALES PARA DESPERTAR EL PODER INTERIOR

Sarina Lavagne

Charlotte Daubet

Bruja moderna

ASTROLOGÍA, CRISTALES, ORÁCULO Y OTROS
RITUALES PARA DESPERTAR EL PODER INTERIOR

LIBSA

Todas somos brujas

—

Prólogo

✳

Desde hace algunos años, la imagen de la bruja ha vuelto con fuerza. Lejos ya de las imágenes terroríficas que pudieron traumatizarnos en nuestra infancia, la bruja moderna simboliza la libertad, la independencia y la afirmación de un poder sagrado. La vemos en las manifestaciones, nueva musa de las ecofeministas; también en internet, donde comparte sus rituales para abrirnos a nuestro poder interior.

Porque sí, ¡TODAS somos brujas! Y es precisamente este el punto de partida de la guía iniciática que tienes en tus manos: todas somos portadoras de un poder olvidado en una sociedad desconectada de la naturaleza, de la intuición, de lo inexplicable, del misterio de lo sagrado femenino..., ¡de la magia! Este libro es una iniciación agradable a los rituales de nuestras antepasadas para revelar nuestro poder.

El poder de las plantas, el de las piedras, el de la Luna, la práctica de la astrología, la lectura del oráculo... Atrevámonos a hechizar nuestra cotidianidad con este libro de encantamientos, doblemos sus páginas, marquémoslo y hagamos anotaciones. Y, sobre todo, dejémonos guiar por nuestra pequeña voz interior, la de la bruja de dormita en todas nosotras.

Contenido

Las brujas modernas que nos han confiado sus rituales...

... exploran el mundo de lo invisible, siguen su intuición, asumen sus poderes y transmiten su saber creando sus propias redes de mujeres. Nuestras brujas favoritas nos inician en la magia y nos confían sus rituales, los que marcan el ritmo de sus vidas y las ayudan día a día.

Mayia Alleaume
Maquilladora profesional, fundadora de Sentara Holistic.
@sweetmayia

Amandine Arcs
Vidente, numeróloga.
@amandinearcs

Katia Bougchiche
Psicoterapeuta, curandera iniciada en las tradiciones chamánicas, autora.
@katia_bougchiche

Odile Chabrillac
Profesora de magia kunda, naturópata, terapeuta, activista, autora.
@odilechabrillac

Josée-Anne Sarazin-Côté
Fundadora de @outich, autora.
@joseeannesarazincote

Sophie Hérolt Petitpas
Astróloga, periodista de *lifestyle* y autora.
@unsigneunstyle

Vanessa Krstic
Directora de redacción de *New Witch* y *Horoscope Magazine*.
@vanessakrstic76

Sandrine Verrycken
Astróloga, coach astrológica y autora.
@astroetik

Aurore
Médium cartomántica.
@lafilledeletoile_

Brujas de ayer y de hoy

odas hemos crecido con historias de brujas normalmente maléficas, como la de *Blancanieves* o la de *La bella durmiente.* Menos frecuentes son las simpáticas, como Samantha de *Embrujada* (*La Hechizada* en la gran mayoría de países de América Latina), o inspiradoras, como Hermione Granger en *Harry Potter.* Figura ancestral y polimórfica, la bruja se ha enriquecido con el paso de los siglos de un imaginario delirante, concebido en sus inicios para desacreditar y eliminar a la mujer independiente, conocedora, poderosa y conectada con lo invisible.

Hoy en día, asistimos al retorno de la figura de la bruja, sostenida por feministas decididas a descubrir esa parte de la historia tan injustamente tratada (a veces silenciada) y también por mujeres que desean reconectar con lo femenino sagrado y recuperar los saberes ancestrales heredados de las brujas (conocimiento de las plantas, de las piedras, de la astrología) que proponemos redescubrir en este libro.

Antes de sumergirnos en los tesoros que nos ofrecen estos saberes, es importante rescatar la historia de las brujas. ¿Cómo esta figura, antes venerada, se transformó en una enemiga a la que combatir? ¿Cómo explicar que se hable tan poco de las brujas en los libros de historia? Esta introducción no tiene vocación de ser exhaustiva, sino más bien de ser una invitación a una profunda reflexión sobre la herencia de la caza de brujas en las sociedades contemporáneas.

"**NOSOTRAS SOMOS** aquellas pequeñas brujas que no lograsteis quemar."

Desde hace miles de años, mujeres veneradas y respetadas por sus poderes

La Antigüedad nos ofrece un enorme panorama de mujeres con poderes extraordinarios: Circe, la maga de la *Odisea* de Homero, que intenta embrujar a Ulises y transforma a sus compañeros en cerdos; incluso Medea, sobrina de Circe, maga y experta en el arte de las medicinas y las pócimas, que ayuda a Jasón en su búsqueda del vellocino de oro. La magia en femenino es un elemento imprescindible de la literatura antigua. «El latín ha legado una multitud de palabras para hablar de ello y ha contribuido a forjar nuestras concepciones sobre estas mujeres que flirtean con lo sobrenatural».[1]

Numerosas sociedades veneraban a diosas portadoras de poderes mágicos. Estas figuras femeninas conectadas con lo invisible eran respetadas. Por lo general, hasta el Renacimiento, las figuras de la maga y de la curandera eran la misma: la mayoría de las veces se trataba de mujeres dotadas de un gran conocimiento de plantas y remedios. Su experiencia y su sabiduría hacían de ellas personas respetadas en los pueblos y requeridas en caso de enfermedad, problemas con la cosecha, conflictos entre los vecinos, etc.

¿En qué momento la bruja dejó de ser una figura poderosa y respetada? De manera progresiva (e insidiosa), se impuso un clima de misoginia, muy respaldado por el cristianismo que hacía llevar a la mujer todo el peso del pecado original con el mito de Adán y Eva.

El nacimiento del mito de la bruja despreciable

«El poder de las mujeres fue denigrado sutilmente al principio y más tarde ignorado hasta que al final se dejó de respetarlo. Con el paso del tiempo las mujeres fueron privadas de poder. Poco a poco (y de forma tan desapercibida al principio que cuando quisimos empezar a preocuparnos ya era demasiado tarde) los hombres influyentes comenzaron a tener miedo del saber de las mujeres».[2]

Desde finales de la Edad Media la bruja fue diabolizada. Antes tolerada, la brujería terminó por ser combatida, concretamente desde 1326, tras la publicación de una bula editada por el papa Juan XXII, que calificaba la brujería de herejía. La primera persona juzgada por brujería por el Parlamento de París fue Jeanne de Brigue, conocida como *La Cordelière*, el 29 de octubre de 1390.

La primera forma manuscrita de la bruja aparece en torno a 1440 en el margen de la obra *Champion des dames*, de Martin Lefranc. El iluminador de la obra representó a una mujer montada a horcajadas sobre una escoba y a otra cabalgando sobre

1. Romain Gonzalez (2016). *Qui voulait la peau des sorcières?*, entrevista a Maxime Perbellini, doctorando en Historia Medieval. vice.com. https://www.vice.com/fr/article/yv8e7m/figure-sorciere-maxime-perbellini-111
2. Josée-Anne Sarazin-Côté (2019). *Le grand livre du Féminin sacré*. Marabout.

un bastón. En el siglo xv, de hecho, nace el mito del *sabbat:* reuniones nocturnas y fuera del control donde acudirían, por vía aérea, brujas para abandonarse a orgías, devorar niños, fornicar con el diablo y celebrar misas negras.

Hay un libro en particular que desempeñó un papel determinante en la propagación de estas creencias fantasiosas: *El Martillo de las brujas (Malleus maleficarum)* publicado en 1487, considerado el manual de la caza de brujas. Obra de dos inquisidores, el alsaciano Henri Institoris y el basiliense Jakob Sprenger, se reeditó 15 veces y se difundieron 30 000 ejemplares en toda Europa durante las grandes cazas de brujas (los inicios de la imprenta no solo tuvieron cosas buenas). Actualmente, existen 75 ejemplares de la época que se encuentran diseminados por todo el mundo, lo que atestigua su triste éxito. Lejos de ser un enorme e incómodo volumen de hechizos, la obra se editó intencionadamente en formato in-8 (un papel de tamaño estándar se dobla tres veces y se crean 16 páginas) para que los jueces pudieran consultarlo con facilidad y de manera discreta durante las audiencias o para que se pudiera llevar en el bolsillo del mayor número de gente posible...

«A menudo, cometemos el error de situarla [la caza de brujas] en la Edad Media, representada como una época lejana y oscurantista con la que ya no tenemos nada que ver, cuando las grandes persecuciones se llevaron a cabo durante el Renacimiento (comenzaron hacia el 1400 y tomaron fuerza a partir de 1560)».[3]

Tengamos en cuenta que la Inquisición no persiguió tanto a las brujas como se pueda pensar. En realidad, fueron los tribunales civiles los que las juzgaron de forma mayoritaria.

La caza de brujas, un gran genocidio femenino
Las primeras víctimas fueron las curanderas y las matronas

La caza de brujas permitió a los médicos de la época (hombres, puesto que la práctica de la medicina estaba prohibida para las mujeres) eliminar la competencia de las curanderas y además apropiarse de sus descubrimientos. De hecho, en esta época se instaló una nueva visión del mundo más racional. «El saber de los hombres se aprendía del exterior: a través de un maestro, en la escuela, por transmisión, por aprendizaje. Una parte del saber femenino era igualmente transmitido, pero lo esencial era interior, instintivo, intuitivo. [...] Al no comprender este saber femenino algunos hombres influyentes empezaron a temerlo».[4]

Las matronas fueron también presas fáciles: cuando un parto no salía bien y el bebé moría, se las acusaba de haberlo matado. Si el bebé tenía una malformación o algún problema de salud, era porque ella lo habría hechizado.

---

3. Mona Chollet (2018). *Sorcières, la puissance invaincue des femmes.* Zones.

4. Josée-Anne Sarazin-Côté (2019). *Le grand livre du Féminin sacré.* Marabout.

El Martillo de las brujas, 1487

Esta obra detalla minuciosamente las técnicas para detectar a las brujas, quienes, al parecer, tendrían el poder de hacer desaparecer los genitales masculinos, conservarlos en tarros y coleccionarlos. El libro también incluye formas para deshacerse de las hechiceras. He aquí algunos elementos detallados en la obra que atestiguan la casi imposibilidad de escapar a la muerte que tenía una mujer acusada de brujería:

✳ La búsqueda de la marca del diablo

Después de su arresto, a las acusadas se las desnudaba, se les rapaba la cabeza y se las entregaba a un «rastreador», cuya misión era buscar la marca del diablo en sus cuerpos, particularmente en los genitales, en ocasiones con ayuda de largas agujas de plata. Muchas se desmayaban durante las torturas. Cualquier marca o cicatriz podía ser utilizada como prueba. Podemos imaginar lo fácil que resultaría encontrar manchas en las manos de mujeres mayores...

✳ La ordalía mediante el agua fría

La prueba consistía en sumergir a la acusada en agua bendita fría (normalmente, un río). Si se hundía, era inocente. Si, por el contrario, flotaba, sería una bruja y, por tanto, condenada a muerte. Montesquieu refiere que la mayoría de mujeres acusadas de brujería eran mayores, frágiles, incluso esqueléticas, puesto que vivían al margen de la sociedad. Presentaban, por tanto, tendencia a flotar.

✳ La tortura

El cuerpo desarticulado por la garrucha, quemado por sillones de metal al rojo vivo, o las piernas partidas por las botas de tortura... La consigna que recibían los verdugos era la de no dejarse enternecer bajo ninguna circunstancia por las súplicas y las lágrimas de las mujeres, artimañas diabólicas para escapar de la hoguera.

De igual manera, observamos la fascinación malsana por la sexualidad femenina, ya que numerosas preguntas del interrogatorio giraban en torno al vínculo sexual que la bruja mantendría con el diablo.

Una manera de eliminar a las mujeres poderosas o molestas

La mujer mayor fue especialmente perseguida: con una esperanza de vida más elevada que la de los hombres, las mujeres mayores podían tener varios maridos y terminar viviendo solas, de manera autónoma, alejadas del pueblo, sin tutela masculina. ¡Qué escándalo! De hecho, el imaginario de la bruja remite a menudo a esta imagen de una mujer mayor y fea, huesuda, con pelo largo y gris. Solteras y viudas constituyeron una parte muy importante de las condenadas: estas mujeres libres de toda custodia masculina suponían un problema en una sociedad donde se suponía que no podían apañárselas solas.

Del mismo modo, los procesos por brujería fueron una manera excelente para deshacerse de mujeres molestas: una amante demasiado indiscreta, una esposa demasiado arrogante... De nada servía aportar pruebas; un simple rumor bastaba para desencadenar la máquina infernal del proceso.

Un balance mortal para siempre incierto

Resulta difícil establecer un balance de pérdidas humanas causadas por las cazas de brujas. En los años setenta, los movimientos feministas hablaban de un millón de víctimas, incluso más. Nueve millones, según el manifiesto W.I.T.C.H. (Women International Terrorist Conspiracy from Hell, es decir, Conspiración Terrorista Internacional de las Mujeres del Infierno). Hay quien habla incluso de 13 millones. Hoy en día, existe un acuerdo de entre 50 000 y 100 000 víctimas, sin contar aquellas que fueron linchadas, las que se suicidaron o las que murieron en prisión a consecuencia de torturas o de las propias condiciones de la detención. Se estimaba, además, que cuando una mujer se suicidaba o moría antes de cumplir su condena, había sido obra del diablo, que habría vuelto en busca de su víctima... El uso quiso también que los documentos relativos a los procesos de brujería fueran quemados y el nombre de los condenados, eliminado del registro civil, que no conserva ningún rastro.

"¿Quién es ese diablo cuyo espectro, a partir del siglo XIV, empezó a crecer a ojos de los hombres poderosos europeos detrás de cada curandera, cada maga, cada mujer tal vez demasiado atrevida o revoltosa, hasta convertirlas en una amenaza mortal para toda la sociedad? ¿Y si ese diablo era la autonomía?"

MONA CHOLLET

*"La máquina de fabricar
al hombre nuevo era también la máquina
de matar a las antiguas mujeres.*[5]*"*

GUY BECHTEL

El fin de las hogueras

Cuando los juicios por brujería terminaron afectando a las clases más acomodadas, la caza de brujas comenzó a perder fuerza. Algunas ejecuciones tuvieron lugar aún a finales del siglo XVIII, como la de Anna Göldin, decapitada en Glaris (Suiza) en 1782, o la de dos polacas que habrían sido ejecutadas por brujería en 1793. En Francia, el 28 de julio de 1826, una mujer acusada de brujería fue quemada por los vecinos en Bournel y en 1856 otra fue arrojada a un horno en Camalès. Posteriormente, no se siguió quemando brujas, es verdad, pero ¿no habrán quedado las mujeres amordazadas?

Las ejecuciones de brujas se hacían en público. Esta puesta en escena se convirtió en «un potente instrumento de terror y de disciplina colectiva».[6] ¿Qué mujer se hubiera atrevido entonces a expresarse, rebelarse, cuando una sola palabra desacertada bastaba para conducirla a la hoguera y poner en peligro a su familia y a sus allegados? Más tarde, la incapacidad de la mujer casada quedaría establecida en el código civil de 1804.

¿Y qué hay de los brujos?

Por supuesto, estas persecuciones también terminaron con la vida de hombres denunciados por brujería. Pero las mujeres representaron el 80 % de las personas acusadas y el 85 % de las condenadas. Es decir, una aplastante mayoría. También resulta interesante señalar que la mayoría de los hombres acusados de hechiceros lo fueron por ser cercanos a brujas o por haber defendido a una mujer acusada de brujería. Podemos imaginar que un hermano o un padre tuvieran dudas cuando tocaba defender a su hermana o a su hija ante los tribunales...

---

5. Guy Bechtel (1997). *La Sorcière et l'Occident*. Plon.

6. Mona Chollet (2018). *Sorcières, la puissance invaincue des femmes*. Zones.

La caza de brujas ha forjado el mundo actual

No se puede subestimar el impacto que la caza de brujas ha tenido sobre la imagen y la condición de la mujer de hoy en día. Una mujer joven, sumisa, discreta, que no se hace notar: tal ha sido durante mucho tiempo la imagen femenina ideal fomentada por la sociedad patriarcal.

Antes, «las mujeres no tenían miedo de envejecer. Al contrario, estaban deseando llegar a esa etapa de sus vidas en la que alcanzarían su poder completo, totalmente conectadas con su sabiduría y su intuición, en la que desempeñarían un papel importante en sus pueblos para guiar a los suyos lo mejor posible, interpretar los mensajes de sus ancestros y transmitir sus saberes a los más jóvenes».[7] Todavía hoy para las mujeres resulta difícil asumir una cabellera plateada (¿de bruja?) que normalmente se concibe como descuidada. Pero ¿«descuidada no significaría en realidad emancipada, incontrolable?».[8] Luchamos de manera incansable contra los signos de la edad, se considera que tras la menopausia nuestra energía sexual se apaga y nos convertimos en un lastre para la sociedad... ¡No es un plan demasiado prometedor!

La vuelta de la bruja moderna

Desde hace algunos años, estamos asistiendo al retorno de la figura de la bruja bajo un nuevo aspecto. «Se ha convertido en una figura feminista emblemática que revindica, mediante el desafío, el poder aterrador que le habían otorgado los jueces».[9]

La americana Matilda Joslyn Gage (1826-1898), feminista y militante por el derecho al voto de las mujeres, fue la primera que reavivó la historia de las brujas y revindicó, además, ser una de ellas. En los años setenta nace el movimiento W.I.T.C.H., que se movilizó en Estados Unidos para la liberación de las mujeres y operó a través de diferentes acciones firmes y feministas. Algunos grupos revindican todavía este movimiento con acciones puntuales.[10]

Actualmente, muchas son las mujeres que se revindican como brujas: el término pierde, merecidamente, su connotación peyorativa para asumir el ideal de mujer emancipada y libre.

De manera paralela a las acciones militantes de carácter feminista, observamos un resurgimiento general del interés por el esoterismo por parte de mujeres de todos los ámbitos: conocimiento de plantas para cuidar de la salud, litoterapia, astrología, oráculo, meditación, rituales de

---

7. Josée-Anne SaaCôté (2019). *Le grand livre du Féminin sacré. Marabout.*

8. Mona Chollet (2018). *Sorcières, la puissance invaincue des femmes.* Zones.

9. *Ibid.*

10. En España, la editorial La Felguera publicó en 2007 *W.I.T.C.H. (Conspiración Terrorista Internacional de las mujeres del Infierno). Comunicados y hechizos.*

purificación... Muchos saberes ancestrales resurgen y cuentan con cada vez más adeptas preocupadas por cuidar la Tierra, que ya no se percibe como una naturaleza a la que subyugar, sino como una madre abastecedora a la que hay que proteger.

La búsqueda de una reconexión con lo sagrado femenino

«Lo femenino y lo masculino sagrados son energías divinas que todas y todos tenemos dentro. Se trata, de algún modo, de ideales energéticos que alcanzar para encontrar nuestro equilibrio interior y también en el seno de la sociedad».[11] El equilibrio es el término clave que hay que retener, ya que ninguna energía es mejor que otra.

Por desgracia, actualmente se observa en nuestras sociedades una dominación de la energía masculina desequilibrada (y no de lo masculino sagrado) que se convierte en una búsqueda de poder y de potencia. Por esta razón, actualmente se habla tanto de lo femenino sagrado que tiene que recuperar su lugar.

Mediante el aprendizaje de rituales, por medio de la reconexión con la naturaleza y sus beneficios, por una reapropiación del propio cuerpo olvidado y maltratado, cada mujer (y cada hombre) es capaz de reconectar con esta parte de ella misma. Esta obra es una invitación a una iniciación amable a los rituales que, a través de los siglos, han llegado a nuestro tiempo y nos reconectan con lo sagrado que late en nosotras.

" La bruja encarna a la mujer emancipada de todas las dominaciones, de todas las limitaciones; ella es un ideal hacia el que ir, ella muestra el camino. "

MONA CHOLLET

---

11. Josée-Anne Sarazin-Côté. (2019). *Le grand livre du Féminin sacré.* Marabout.

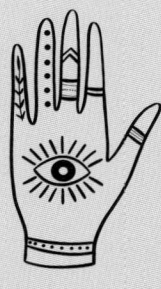

Ellas no se arrodillaron ante ningún hombre, fueron las únicas supervivientes de la cultura más antigua de todas, en la que hombres y mujeres compartían igualitariamente las tareas en una sociedad verdaderamente cooperativa antes de que la represión mortal espiritual, económica, sexual de la «sociedad fálica imperialista» se la llevara y se pusiera a destruir la naturaleza y la vida humana.

La bruja vive y ríe en cada mujer.

Es la parte libre de cada una de nosotras, bajo sonrisas tímidas, la pasividad ante la absurda dominación masculina, el maquillaje o la ropa asfixiante que imponen nuestra sociedad enferma.

No es necesario unirse a W.I.T.C.H.

Si eres una mujer y te atreves a mirar en tu interior, entonces eres una bruja.

Establece tus propias reglas.

Eres libre y rebelde.

EXTRACTO DEL MANIFIESTO W.I.T.C.H.
(Women's International Terrorist Conspiracy
from Hell), Nueva York, 1968.

Los instrumentos de la bruja moderna

Magia
verde

—

Las plantas
que hay que tener
en casa

A todas nos gusta vivir rodeadas de vegetación y de florecillas de todo tipo, incluso en el medio urbano, cuando deambulamos despreocupadas por los parques públicos o cuando comprobamos que en casa se nos dan bien las plantas de interior. Pero ¿somos conscientes de que estos organismos vivos son algo más que objetos decorativos o simples «toques frescos» en nuestras vidas trepidantes?

Algunas plantas dan buena suerte, atraen el deseo o ayudan a dejar de fumar, otras curan ciertos males (se sabe desde hace milenios) y muchas son verdaderos elementos fundadores y herramientas indispensables para el esoterismo. En el uso cotidiano de nuestra lengua encontramos, además, hermosos ejemplos de este vínculo instintivo y casi místico con el mundo vegetal. ¿Acaso no decimos «tocar madera» o que «los árboles nos impiden ver el bosque»?

Utilizadas en numerosos rituales, las plantas pueden ser necesarias para purificar, calmar, transformar las energías negativas o protegernos. También pueden servir para confeccionar amuletos o saquitos mágicos, según el resultado que queramos obtener, por supuesto.

Cada una a su caldero, queridas brujas de la «Nueva Era». Descubramos las plantas que incluiremos en nuestro libro de hechizos.

Cedro

También conocido como el árbol de la Paz, el cedro es el ejemplo perfecto de las polaridades masculina y femenina. Principalmente conocido por sus virtudes aromáticas, es el árbol de la majestuosidad y puede alcanzar alturas de hasta 45 metros. Desde la Antigüedad, su resina aromática sirve como incienso y también se ha utilizado en los embalsamamientos y en tratamientos contra parásitos y enfermedades infecciosas. El humo de su madera, tanto para los tibetanos como para los amerindios, purifica el aire y el ambiente. Colgado en lo alto de las paredes de la casa, protege de las malas presencias. También es muy utilizado en los saquitos de amor...

✴ Sus poderes

En aromaterapia, ayuda a luchar contra la cistitis y las afecciones de la piel y los bronquios. Es antiséptico, cicatrizante, descongestionante, alivia las piernas pesadas y los edemas. También calma la ansiedad, las adicciones, la depresión crónica y los problemas de sueño. Además, es un compañero perfecto para la meditación.

✴ Nuestros ritos de iniciación

El aceite esencial de cedro tiene que usarse con precaución, diluido en agua, ya que es muy activo y las mujeres embarazadas no pueden utilizarlo.

Inhalado, el aceite de cedro cura la bronquitis o los catarros. En un difusor, calma el estado de ánimo y ayuda a meditar y a relajarse. Aplicado (diluido en un aceite vegetal) en masajes, ayuda a relajar la tensión muscular. Si se ingiere (siempre diluido), es un buen remedio para las infecciones urinarias.

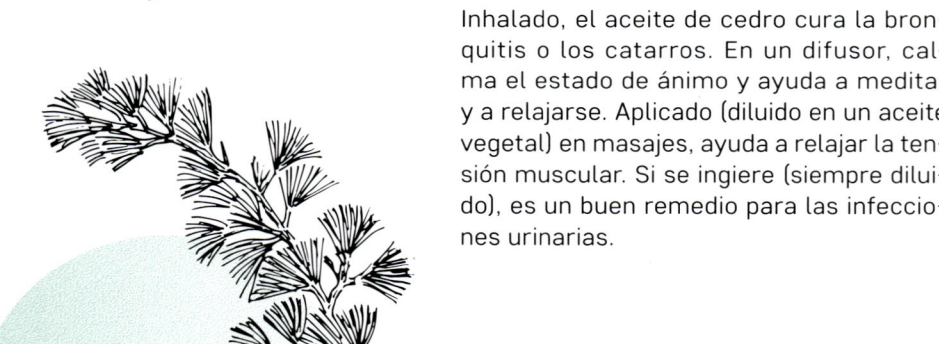

Jengibre

Si su reputación afrodisiaca le precede (a priori, con razón), el jengibre tiene otros muchos poderes mágicos, y las brujas siempre hicieron de él un elemento indispensable en muchos de sus rituales.

Evidentemente, tiene poder sobre el amor y los sentimientos. Además, es protector de los bienes, del retorno de la riqueza, y aporta fuerza y potencia. Todo un repertorio sagrado el de esta raíz venida de Asia, conocida por sus beneficios desde hace 5 000 años y muy presente en medicina ayurvédica, puesto que es extremadamente rica en activos terapéuticos.

☀ Sus poderes

Muy apreciado en nuestra alimentación, consumir *Zingiber officinale* es estupendo para potenciar el sistema inmunitario y luchar contra la fiebre o las alergias.

Alivia los dolores de migrañas y de la regla, estimula el apetito y calma los desórdenes digestivos.

En su uso externo, calma los dolores musculares, reumáticos y ciáticos. ¡Desde luego es mucho más que un simple estimulante sexual!

☀ Nuestros ritos de iniciación

En infusión (además, está deliciosa) calma las náuseas del embarazo, los dolores posoperatorios o los mareos en viajes.

Consumido con regularidad, nos ayuda a fortalecer nuestro metabolismo en los cambios de estación, sobre todo en invierno, cuando hace tanto frío. También se puede tomar fresco, en rodajas o rallado en ensaladas o platos a base de verdura.

Con aceite esencial, podemos calmar los dolores localizados frotando donde nos duele y, si nos molesta la garganta, unas gárgaras con macerado diluido en agua tibia hacen maravillas.

Jazmín

Todas conocemos el olor divino que emana de estas hermosas flores blancas que recorren arbustos reverdecidos. El jazmín, muy apreciado por los amantes del té y del perfume, también se utiliza desde hace lustros en la medicina ayurvédica y en la china para tratar infecciones, ayudar en los partos o incluso bajar la fiebre. En Oriente, encarna la belleza y la tentación femeninas; no es casualidad que lo encontremos con tanta frecuencia en rituales de magia amorosa, pociones que influyen en los sentimientos o en el deseo carnal. ¡Y solo una gotita de su fragancia puede hacer perder la cabeza!

☀ Sus poderes

El jazmín es sedante, adormece el sistema nervioso central y relaja los músculos… Su incienso pude favorecer la aparición de sueños premonitorios. Es antiespasmódico y previene las contracturas musculares repentinas. En forma de aceite esencial o de tisana ayuda a luchar contra la depresión, los problemas de sueño y los dolores de cabeza. Su uso externo sirve para sanar las heridas y eliminar los calambres.

☀ Nuestros ritos de iniciación

En los días de cansancio mental y físico, una buena infusión o un té de jazmín harán que todo se calme con suavidad. En caso de calambres musculares o intestinales, un masaje con su aceite esencial puede resultar calmante. También podemos utilizarlo en la piel del rostro por sus efectos antioxidantes, antiarrugas y antiacné. Y el pequeño truco infalible: añadir algunas gotas en nuestro champú dará un aroma al cabello que será embriagador para cualquier persona que pase por nuestro lado.

Laurel

ambién conocido como laurel sauce, o simplemente el árbol de Apolo, está considerado desde hace muchísimo tiempo como un preciado aliado contra todas las fuerzas y espíritus negativos. No es casualidad que sus hojas adornasen las cabezas de los emperadores romanos. Ayudaba, según los sabios de la época, a superar las pruebas de cualquier tipo: se convirtió entonces en el emblema de la gloria y de la victoria.

Planta intuitiva, una sola de sus hojas sobre el papel aporta inspiración a los que quieren escribir. Regalar un ramo de laurel a una casada le asegurará una unión feliz y duradera.

Utilizado también para purificar los altares y expulsar las energías negativas, la hoja de laurel ayuda también a las profetisas a leer el futuro... Es una planta que favorece la clarividencia y la lucidez.

✳ Sus poderes

Agente transmisor de buena suerte y protección, esta planta de la cuenca mediterránea facilita la digestión, reduce la hinchazón y, en virtud de sus propiedades diuréticas, ayuda a combatir las infecciones urinarias.

Sus propiedades antiinflamatorias alivian los dolores musculares o los esguinces. En caso de afecciones de oído, nariz y garganta (ORL), el laurel desinfecta las vías respiratorias.

Información extra: ¡es excelente para el estado de ánimo!

✳ Nuestros ritos de iniciación

Para aprovechar sus propiedades, podemos utilizarlo en infusiones, por ejemplo, cuando tengamos resfriados, sinusitis y estados gripales, o verter algunas gotas de aceite esencial en el baño para relajarnos. Contra los dolores de la dentadura, lo emplearemos para hacer gárgaras después de comer. Aplicado en zonas doloridas y usado con precaución, un poco de aceite en pomada calma las inflamaciones.

Lavanda

La lavanda es, sin duda, una de las plantas más «domesticadas» en Europa, muy apreciada por las cualidades aromáticas de sus flores. Símbolo de frescura, de limpieza y de ambiente soleado, ya que crece normalmente en torno a la cuenca mediterránea, en tiempos de los romanos ya era considerada una planta muy valiosa. No hace falta aclarar que ocupa un lugar privilegiado en el herbario básico de toda bruja experimentada.

✳ Sus poderes

Relajante, su aceite esencial es uno de los pocos que pueden usarse puro, ya que nuestro metabolismo lo tolera muy bien. Se utiliza en rituales de salud y de paz. Alivia los estados depresivos equilibrando nuestras emociones y facilitando el sueño. También tiene la capacidad de proporcionar una atmósfera zen en nuestra casa. ¡Toda una suave pócima!

✳ Nuestros ritos de iniciación

Podemos ponerla en difusores de aceites esenciales para esparcirla por la casa cuando nos sintamos algo estresadas. También podemos vaporizarla en las almohadas si tenemos problemas para dormir. Y si secamos flores frescas en su estación y las colocamos en armarios y cómodas, purificaremos la ropa a lo largo del año.

Mandrágora

Originaria de Siria, esta planta misteriosa se encuentra en el origen de numerosas leyendas. De hecho, los antiguos le otorgaban virtudes extraordinarias.

A su raíz, al mismo tiempo rara y mítica, se le concede el poder de filtro de amor si se lleva como talismán o si se ingiere. En forma de ungüento, habría permitido a las brujas del siglo XVI volar sobre sus escobas (¡y de verdad que lo hacían!).

Su forma ligeramente humana la ha elevado al rango de ser la planta más poderosa y peligrosa, pero sobre todo era considerada como una de las grandes aliadas de las curanderas de la Antigüedad. Los egipcios y los persas ya conocían sus increíbles cualidades medicinales que la entronizaron como la planta estrella de las brujas en los famosos libros de *Harry Potter*.

✳ Sus poderes

Durante mucho tiempo utilizada en mezclas antirreumáticas, también servía para facilitar los partos y regular la menstruación.

La mandrágora posee propiedades anestesiantes e hipnóticas; también alucinógenas gracias a ciertos componentes, como alcaloides psicotrópicos. Si estos principios pasan al flujo sanguíneo, puede resultar una planta muy tóxica cuando no se utiliza correctamente.

Es afrodisíaca, analgésica, antivenenosa, estimula el sistema inmunitario y ayuda a reforzar el hígado y el sistema digestivo. Es un poco como «la navaja suiza» de la bruja perfecta.

✳ Nuestros ritos de iniciación

Lo primero que debemos tener en cuenta es que en altas dosis la mandrágora es tóxica y alucinógena, así que habrá que atenerse a las prescripciones médicas.

Usada en cataplasma, una sola hoja aplicada en la zona basta para calmar los dolores aplicada durante media hora al día durante cuatro días.

En su uso interno, se reserva, y siempre con supervisión médica, para los problemas digestivos y musculares.

Melisa

a *Melissa officinalis*, originaria de Europa meridional, tiene un aroma cítrico que perfuma todas las preparaciones que la contienen, aunque esta no es su única cualidad. Hace unos 1 200 años, Carlomagno ya aconsejaba a sus súbditos sembrar melisa en torno a sus casas y usarla con regularidad por sus virtudes protectoras. Utilizada por magos y brujas desde siempre en muchos ritos de curación y salud, antes se conocía por tener influencia sobre el amor y la pasión (es el ingrediente principal de las pociones de protección y del vigor de las parejas). ¿Quién dice que la infusión de la noche no es sexi?

☀ Sus poderes

Sin duda, sus efectos principales son su poder calmante y el de proporcionar perspectiva sobre las cosas. A las personas que sufren de ansiedad la melisa les libra de las pesadillas. Si se asocia con la valeriana, evita el insomnio o al menos lo alivia. También es calmante para el sistema digestivo y el corazón. Utilizada como remedio preventivo, puede proporcionar al cuerpo un sentido de armonía en su conjunto.

☀ Nuestros ritos de iniciación

Tras un choque emocional, una fuerte impresión, respiraremos una gota de aceite esencial aplicado en un pañuelo tantas veces como sea necesario para calmarnos.

Aplicada como loción sobre la piel, la melisa cura los herpes labiales, las micosis y favorece la cicatrización. Contra las migrañas y las palpitaciones, la tomaremos en tisana por la mañana y por la noche, como si tuviéramos una digestión difícil.

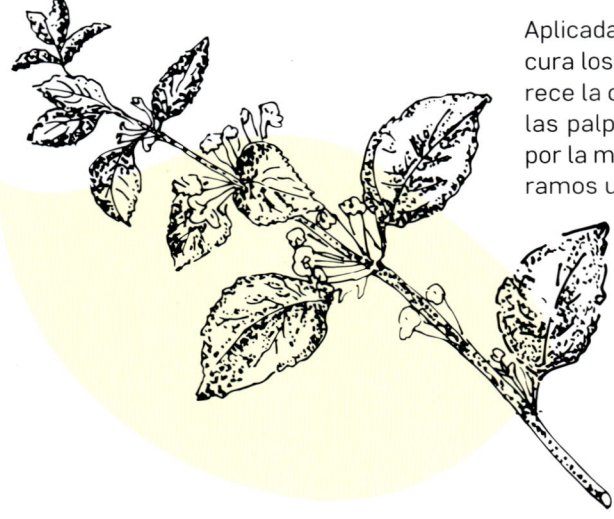

Adormidera

Con solo evocar su nombre, nos aparece una sonrisa en los labios; precioso sortilegio, ¿no? La adormidera, conocida también como «adormidera somnífera» que podemos cultivar en nuestros jardines, es la planta mágica por excelencia que incluso estuvo asociada a la magia negra durante mucho tiempo. Presente en las montañas de Asia y en la zona mediterránea desde el Neolítico, enseguida empezó a emplearse por su utilidad cuando se quiere conciliar el sueño. Las matronas de la Edad Media la prescribían para los abortos. Más adelante las brujas la aconsejaban por sus reconocidos y potentes agentes psicoactivos. De sus delicadas flores se extrae el opio; de ahí proviene, sin duda, su reputación un poco controvertida...

☀ Sus poderes

Ingerida en nuestra alimentación cotidiana, tiene un efecto protector sobre el sistema cardiovascular y lucha contra la anemia. Muy ricas en zinc, sus semillas favorecen la cicatrización y curan las inflamaciones. La adormidera alivia, adormece y calma las tensiones. Pero todo esto ya podíamos imaginarlo.

☀ Nuestros ritos de iniciación

En semillas, la utilizamos como complemento de un aceite vegetal suave para hacer unos exfoliantes muy recomendables para las pieles sensibles. En tisana, la adormidera amarilla es un excelente sedante y calma los sofocos hormonales. Como aceite vegetal, el *somniferum* suaviza y calma la piel. Devuelve también la vitalidad al cabello dañado.

Diente de león

También conocido como achicoria amarga o amargón, el diente de león es una herbácea muy común en muchas regiones cuyos efectos, aunque se descubrieron en la Antigüedad, no fueron reconocidos hasta el siglo XVI.

En flor casi todo el año, esta planta se asociaba a las diosas de la primavera, como casi todas las especies de savia lechosa. Esta planta, cuyos pistilos soplamos para atraer a la buena suerte, es también la reina de los sortilegios y de las pociones para atraer la riqueza y el éxito material. Una buena razón para disfrutar de su compañía en los pícnics campestres.

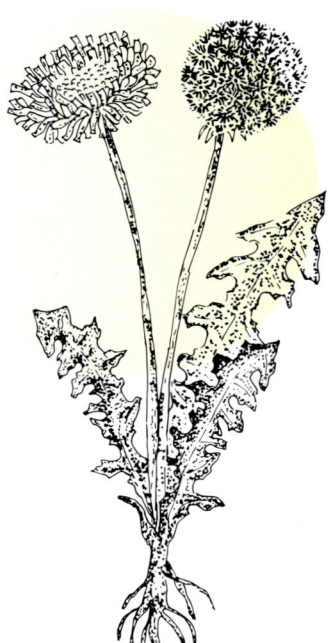

✳ Sus poderes

Tónico muy potente, el diente de león es un limpiador de la sangre muy eficaz que además estimula la secreción biliar. Eficaz contra los dolores articulatorios, también se aconseja para reponerse de una enfermedad larga o en caso de fatiga crónica. Actúa rápidamente en caso de estreñimiento y exceso de colesterol y previene los problemas renales.

En uso externo, es eficaz para combatir la dermatitis y las enfermedades de la piel y ayuda a curar los callos.

✳ Nuestros ritos de iniciación

En ensalada, con brotes amarillos y raíces que también aportan efectos interesantes, en sopa o en *smoothies,* el diente de león reequilibrará nuestro sistema digestivo afectado por cualquier pequeña alteración.

En infusión o en tintura, lo utilizaremos por sus propiedades diuréticas y detoxificantes.

Su aceite esencial, siempre diluido en un aceite vegetal, hace maravillas en la piel para controlar los efectos del eccema y curar las verrugas. Y si añadimos unas gotitas a nuestro baño, nos ayuda a relajarnos y acabar con la fatiga.

Salvia

L a salvia blanca es una planta esotérica desde hace mucho pero mucho tiempo... Bastante fácil de encontrar en el Mediterráneo, también crece en la costa californiana. En otras palabras, le encantan los climas amables. Egipcios, griegos, romanos, todos utilizaron la que llamaban «planta de la inmortalidad», que ayuda a cuidar (de su nombre latín *Salvia officinalis*, de *salvere*, 'salvar' en latín), a curar las penas y a comunicarse con el más allá. Era una planta sagrada para los amerindios, ya que les permitía realizar rituales de purificación del alma y del cuerpo.

☀ Sus poderes

La salvia constituye un auténtico potenciador neurológico. Ayuda a reforzar la memoria y también a luchar contra la depresión y la ansiedad. Elimina las energías negativas y atrae las positivas, devuelve la energía y la motivación. ¡Esta planta es toda una maravilla!

☀ Nuestros rituales de iniciación

Si la quemamos sobre las brasas, tiene un papel purificador beneficioso tanto para el hogar como para nosotros. Podemos utilizarla también para limpiar nuestros minerales.

Infusionada en miel, aporta todos sus beneficios aromáticos y terapéuticos de manera suave, ya que puede consumirse sin miedo de sobredosis (es una planta bastante potente) en un té o sobre una tostada.

En infusión, estimula el sistema digestivo y también ayuda a combatir los sofocos y los dolores menstruales. Hay que tener cuidado con el uso de aceites esenciales de salvia, ya que son muy delicados de manipular: es preferible usarla siguiendo la prescripción médica.

Tomillo

Más conocido por sus virtudes aromáticas en la cocina que por sus propiedades terapéuticas, el tomillo es desde siempre un aliado de las prácticas esotéricas. Por ejemplo, los galos lo utilizaban mucho en sus ritos de los solsticios. Presente también en las regiones mediterráneas, tendría efectos mágicos muy potentes para «fijar» pociones, practicar rituales de curación e incluso para eliminar hechizos.

✳ Sus poderes

Antiséptico, antimicrobiano, antioxidante, antiespasmódico, cicatrizante, diurético, fortificador intelectual, el tomillo rebosa de activos terapéuticos. A menudo lo usamos en tisanas, en aceites esenciales o en forma de jarabe para aliviar las inflamaciones.

✳ Nuestros ritos de iniciación

En forma de infusión, se puede consumir hasta tres veces al día si nos sentimos exhaustos, un poco febriles o si sufrimos de alguna infección ORL (resfriados, amigdalitis...), y da resultado.

En aceite esencial, cura las infecciones más severas. Aplicado (aceite de tomillo con lináloe y tujanol, pero nunca con timol, ya que es demasiado agresivo), nos ayuda a deshacernos de las verrugas y de los hongos cutáneos (en este sentido, será indispensable pedir consejo a nuestro médico para que nos indique las dosis adecuadas). Y para calmar los ataques de tos, ¡su jarabe es espectacular!

Verbena

L a que también se conoce como «la hierba de las brujas» se encuentra muy alejada de la imagen tópica que se le ha solido asociar normalmente, la de la planta básica y reservada a los remedios de las abuelas.

Utilizada desde la Antigüedad, la *Verbena officinalis* es una planta de encantamientos, la estrella de los libros de hechizos. Es famosa, por ejemplo, por proteger de los espíritus maléficos en ceremonias o purificar los altares sacrificiales de los druidas… ¡Todo un repertorio!

Encarna también el amor, la pureza, la esperanza, y es preferible recolectarla de manera ritual, en el tiempo de Venus, los martes, jueves y viernes de mayo.

✳ Sus poderes

Reconocida por sus virtudes digestivas, la verbena ayuda también a conciliar el sueño si se consume como tisana. Es diurética, cicatrizante y astringente. Protege el hígado, es antiespasmódica y favorece el equilibrio de nuestros ciclos. Se dice, además, de ella que es una planta de polaridad femenina, lo que puede explicar sus usos cada vez más habituales para combatir problemas hormonales y ginecológicos.

De todas maneras, la verbena que más se utiliza en tisanas comunes no es la *Verbena officinalis,* sino la verbena olorosa, que no tiene ni mucho menos las mismas propiedades.

✳ Nuestros ritos de iniciación

En infusión, sirve para disminuir el estrés y los dolores de barriga. También puede utilizarse como enjuague bucal contra las úlceras.

En su uso externo, la decocción de verbena ayuda a calmar las insolaciones, las grietas o las picaduras de insectos. Ayuda también con las inflamaciones de los esguinces y los moratones.

En hojas frescas, como acompañamiento de nuestra carne y verduras, nos ofrecerá hermosas noches mágicas.

Nunca olvidéis que sois mágicas.

Gemas mágicas

Las piedras que hay que tener a mano

A lo largo de la historia, las piedras y los cristales siempre han sido objeto de hermosas creencias gracias a su vínculo particular con la Tierra.

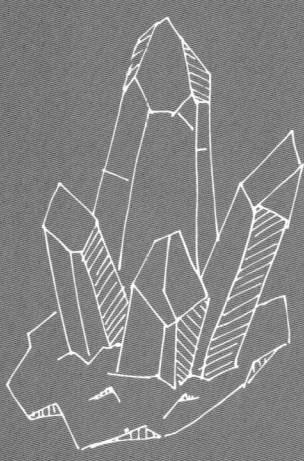

Las piedras tienen tanto que decirnos... Y nuestro conocimiento de sus poderes está todavía en una fase muy superficial.

Gracias a sus formas, colores y reflejos a veces increíbles, han adornado los ornamentos de los más ilustres personajes y se les ha atribuido tanto el origen de oscuras maldiciones como el poder de atraer la felicidad, la buena suerte o la fortaleza...

En pocas palabras, se trata de hermosos objetos misteriosos de los que siempre se ha dicho que contienen energías y vibraciones beneficiosas. Su poder es conocido por los magos desde hace muchísimo tiempo.

Para entender su lenguaje, podemos inspirarnos de los métodos de la litoterapia. Esta ciencia ancestral asocia a una gema poderes protectores que varían según su composición química y su cristalización. Nuestro organismo produce también, como toda materia presente en el universo, energías que liberan vibraciones capaces de interactuar con otros cuerpos energéticos y cambiar nuestro estado psíquico, emocional, mental o espiritual.

Esta energía de las gemas actúa sobre nuestro bienestar y las mejoras que puede proporcionar depende de las piedras que se utilicen. Según las necesidades que tengamos en cada momento, podemos llevar minerales como joyas, meterlos en los bolsillos, ponerlos sobre una zona dolorosa o bajo la almohada para dormir mejor...

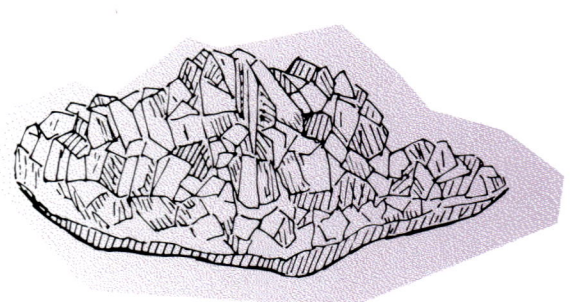

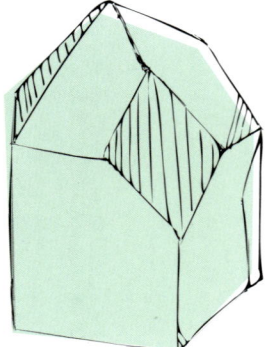

Amatista

Su historia: del griego *amethystos*, 'que no está ebrio', la amatista protege de la ebriedad, pero sobre todo purifica y encamina las energías. Está muy extendida por todo el mundo y la podemos encontrar incluso en algunas regiones de Europa.

Sus colores: violeta claro y oscuro, malva.

Sus poderes mágicos:
• **Para el cuerpo:** contra los dolores de cabeza, el estrés, los problemas de acné o los herpes. Alivia los dolores musculares y articulatorios, refuerza los huesos y calma los problemas nerviosos.
• **Para el espíritu:** es la piedra para combatir la angustia y el nerviosismo. Calma nuestros espacios vitales, libera la atmósfera y facilita el sueño y la meditación.

Aventurina

Su historia: su nombre viene del italiano *ventura*, 'fortuna'. Es la piedra de la suerte, la calma y la paz del espíritu. También potencia nuestra creatividad. La encontramos en Brasil, en India o en Estados Unidos.

Sus colores: verde, azul, marrón.

Sus poderes mágicos:
• **Para el cuerpo:** beneficiosa para los músculos, el corazón y los pulmones. Combate la fiebre y los problemas de la piel, ayuda a curar las enfermedades psicosomáticas y protege de las ondas nocivas.
• **Para el espíritu:** piedra de protección emocional y espiritual, calma y favorece la relajación. Es estimulante y ayuda a tomar decisiones y a elaborar proyectos.

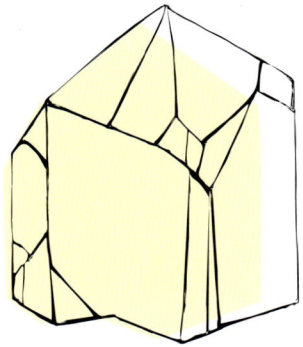

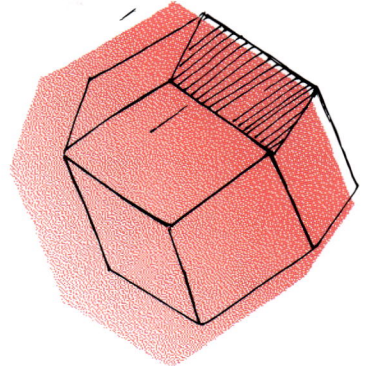

Citrina

Su historia: hermosa piedra ornamental, su nombre proviene del limón, con el que comparte el color. Se utiliza desde la época de la Grecia antigua para expulsar el mal de ojo y los chamanes la usaban para potenciar la vitalidad. Podemos encontrarla en Madagascar e incluso en Brasil.

Sus colores: del amarillo pálido al naranja oscuro.

Sus poderes mágicos:
• **Para el cuerpo:** la citrina ayuda a la digestión, estimula el bazo y el páncreas y evita el estreñimiento. También está indicada para los problemas y desajustes menstruales.
• **Para el espíritu:** piedra purificante y energizante, favorece la concentración y abre los chakras. Libera un aura protectora y permite que nuestra intuición se expanda.

Granate

Su historia: los faraones lo consagraban a la diosa de la guerra y le atribuían el poder de aportar valentía y protección. Lo podemos encontrar en casi todos los continentes.

Sus colores: rojo, marrón, amarillo, verde.

Sus poderes mágicos:
• **Para el cuerpo:** piedra de la salud, purifica los chakras, retrasa el envejecimiento y ayuda a luchar contra el reumatismo. Equilibra la tiroides, la anemia y purifica la sangre y los órganos.
• **Para el espíritu:** es una piedra de resiliencia. El granate aporta protección, serenidad, verdad y fidelidad. Esta piedra equilibra la libido, ayuda a superar las dificultades y a trascender las pasiones amorosas.

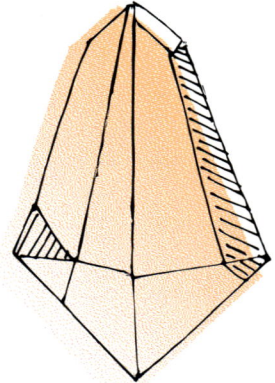

Jaspe heliotropo

Labradorita

Su historia: conocido también como «piedra de sangre», primero se utilizó para influir sobre las condiciones atmosféricas para más adelante ser considerado como un potente útil terapéutico, ya que se considera que fue bañado en la sangre de Cristo en la cruz. Se encuentra en Europa y en Asia.

Sus colores: negro, verde y con manchas rojas.

Sus poderes mágicos:
• **Para el cuerpo:** como piedra sanadora, cura las anemias, las enfermedades de la circulación sanguínea e incluso el lupus. Se puede utilizar contra las hemorroides y los problemas de vejiga o para detoxificar el hígado.
• **Para el espíritu:** es la piedra de la purificación del cuerpo y del alma, de la protección contra los enemigos, de la fuerza ante las adversidades. Favorece la meditación y la creatividad y aporta prosperidad.

Su historia: canadiense de origen, es la piedra de fuego de los inuits, protectora de las almas ancestrales en cuyo interior encierra rayos de aurora boreal. La encontramos también en Australia o México.

Sus colores: azul, verde y gris con efectos cristalinos.

Sus poderes mágicos:
• **Para el cuerpo:** elimina la fatiga y regenera tras momentos de agotamiento. Ayuda a calmar el dolor, protege contra las agresiones exteriores y alivia los problemas hormonales o de presión arterial.
• **Para el espíritu:** absorbe las energías negativas, protege de quienes nos quieran dañar y facilita el reposo mental. Es reguladora del metabolismo, calma la ansiedad y aumenta las posibilidades de encontrar al alma gemela.

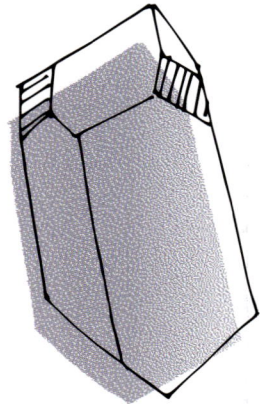

Ojo de tigre

Su historia: muy parecida al ojo de gato, desde la Antigüedad es considerado como garantía de protección contra los golpes de espada, los vampiros y las criaturas de la noche. Es además un buen remedio frente al mal de ojo. Lo podemos encontrar en Australia y en India.

Sus colores: del amarillo dorado al marrón.

Sus poderes mágicos:
- **Para el cuerpo:** calma los problemas óseos y articulatorios, refuerza el metabolismo y disminuye las crisis de asma y la hipertensión. Tiene virtudes regeneradoras de los tejidos y regula la digestión.
- **Para el espíritu:** es una piedra protectora que bloquea las ondas negativas, concentra las energías y aporta voluntad. Ayuda a reafirmarse y reduce el estrés y la depresión.

Ónix negro

Su historia: muy apreciado por los romanos por su belleza y sus virtudes fortificantes, durante la Edad Media se vinculó a las fuerzas del mal por su color antes de convertirse en un pilar principal de la litoterapia. Se encuentra por todo el mundo.

Sus colores: negro opaco.

Sus poderes mágicos:
- **Para el cuerpo:** el ónix actúa sobre el oído interno de manera beneficiosa para combatir los vértigos o acúfenos. Protege la boca y la dentadura, alivia los problemas vocales y mejora la resistencia al frío.
- **Para el espíritu:** es la piedra de la estabilidad y del fortalecimiento. Mejora la autoestima y el control propio y ayuda a afrontar pruebas vitales y a meditar de manera óptima.

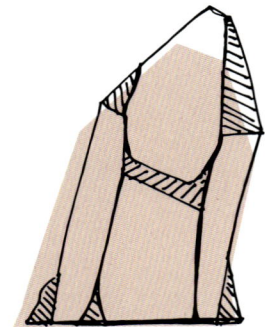

Piedra de luna

Su historia: símbolo de feminidad y de maternidad, es la piedra de la ternura. También de las diosas de la Antigüedad dotadas de clarividencia. Se encuentra en Australia, Birmania y Tanzania.

Sus colores: incolora, reflejos blancos o azules.

Sus poderes mágicos:
• **Para el cuerpo:** permite regular las secreciones hormonales y los ciclos menstruales. Ayuda a luchar contra la esterilidad y a mantener la lactancia tras el parto.
• **Para el espíritu:** es la gema de la armonía de la pareja. Atempera las emociones y facilita la reconciliación. Desarrolla la sensibilidad y la creatividad y favorece la apertura a los otros más que hacia el interés material.

Cuarzo ahumado

Su historia: la piedra favorita de las videntes del siglo xix (impedía a los profanos que vieran en sus bolas de cristal) se convirtió más tarde en la piedra de la responsabilidad y de la reorientación. Se encuentra casi en todas partes del mundo.

Sus colores: beis pálido.

Sus poderes mágicos:
• **Para el cuerpo:** ayuda a luchar contra las adicciones. Facilita la eliminación de alquitrán acumulado y protege los pulmones y los conductos del aire. Fortalece los órganos y favorece la fertilidad.
• **Para el espíritu:** ayuda a reflexionar mejor y evitar las angustias irracionales, permite ver las cosas con mayor perspectiva, así como abrirnos a nosotras mismas y a los otros sin concesiones.

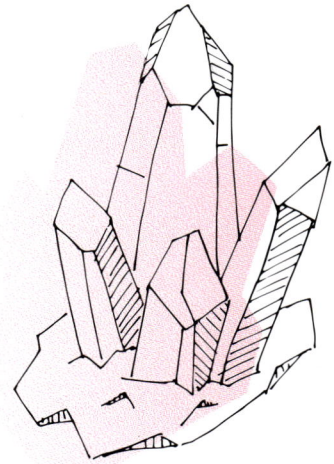

Cuarzo rosa

Su historia: los griegos asociaban esta piedra del amor y la belleza a la diosa Afrodita. La podemos encontrar en India (los romanos la traían desde allí para hacer amuletos) o en Brasil.

Sus colores: del rosa pálido al rosa rojizo.

Sus poderes mágicos:
• **Para el cuerpo:** reina del corazón, lo estimula fisiológicamente. Mejora la fertilidad y alivia los problemas de hipertensión. También se recomienda contra los efectos nocivos del estrés.
• **Para el espíritu:** calma la ansiedad, el insomnio y las enfermedades nerviosas en general. Asociada al chakra del corazón, calma las decepciones amorosas, devuelve la confianza a las personas y reequilibra las energías.

Turmalina negra

Su historia: gema de anclaje y protección, llegó a Europa en el siglo XVIII, proveniente de América, y fue sobre todo explotada en joyería antes de descubrir sus poderes. La podemos encontrar en Brasil o en Madagascar.

Sus colores: negro opaco.

Sus poderes mágicos:
• **Para el cuerpo:** influye en los campos magnéticos y puede disminuir los efectos negativos de los aparatos conectados. Calma a los hiperactivos y actúa sobre el sistema renal.
• **Para el espíritu:** permite reconectar con la realidad y anclarse a través de las propias raíces. Protege también de las ideas oscuras y de las energías negativas de personas y lugares.

SI ERES MUJER Y TE ATREVES A MIRAR EN TU INTERIOR, ENTONCES ERES UNA BRUJA.

ESTABLECE TUS PROPIAS REGLAS.

MANIFIESTO W.I.T.C.H. (WOMEN'S INTERNATIONAL TERRORIST CONSPIRACY FROM HELL), 1968.

Astrología

Lo que hay que saber sobre los signos del Zodiaco

Una aproximación holística...

Todo el mundo conoce su signo astrológico, sus virtudes y sus defectos. Fácil, pero insuficiente para apropiarse y optimizar los poderes extraordinarios de la astrología. Este saber ancestral no puede dividirse en compartimentos estanco; la rueda del Zodiaco se inscribe en una lógica de conjunto. Aries engendra a Tauro, que engendra a Géminis, etc. Este recorrido corresponde al paso del Sol a lo largo de un año por los 12 signos del Zodiaco. Cada vez que el astro rey cambia de signo, pone en marcha un nuevo inicio, despliega sus cualidades complementarias y pule su evolución. Antes de concentrarnos en nuestro signo astrológico, sería útil, e incluso necesario, comprender el proceso en su conjunto. De esta forma, podremos descubrir en qué etapa del recorrido nos situamos.

Por ejemplo, si estamos en Géminis, la curiosidad, el movimiento, la comunicación y el aprendizaje serán los factores que guíen nuestra vida.
¿Cómo funciona?

... que se sustenta en el principio de analogía...

La astrología occidental es solar y está guiada por el movimiento de las estaciones. Se trata de un lenguaje simbólico que combina los ciclos astronómicos y terrestres. Funciona sobre el principio de analogía, un proceso de pensamiento que establece similitudes y correspondencias entre dos elementos y situaciones diferentes. ¿Un ejemplo? Aries es el primer signo de la primavera, encarna el principio de comienzo, de renovación, de nacimiento y de impulso vital. Todas las analogías, las metáforas asociadas al principio de la primavera se le pueden aplicar. Pero la fórmula más conocida, la que mejor expresa los vínculos entre el cosmos y la Tierra, es la siguiente: «Lo que está en lo Alto es como lo que está en lo Bajo». Esta máxima procede de la tradición esotérica e inspira a los astrólogos desde hace siglos.

... para describir nuestro cosmos interior

Si tenemos la inquietud de dibujar nuestra carta astral, es decir, la fotografía del cielo en el momento de nuestro nacimiento o nuestro *selfie* cósmico, es fundamental que en ella estén representados los 12 signos zodiacales. Dicho de otro modo, es imposible acceder al secreto de nuestro nacimiento sin entender la totalidad del Zodiaco. En resumen, nuestra carta astral es la representación gráfica y simbólica de nuestro cosmos interior. Para entenderlo bien, acudamos a nuestra imaginación.

La gran carrera anual del Zodiaco

Uno, dos, tres, ¡ya! Aries es el primer relevista en la línea de salida del Zodiaco. En primera posición, acoge a su majestad el Sol. El astro rey, punto de referencia de la astrología occidental, encarna la consciencia, la vitalidad y la identidad. Aries lanza una carrera dividida en 12 etapas encabezadas por 12 personalidades asombrosas. Esta carrera sigue el recorrido del Sol en los signos astrológicos y las estaciones. El Zodiaco es un mandala que relata un camino de evolución, que describe 12 encarnaciones diferentes de lo humano, del Aries más carismático de la banda hasta el Piscis portavoz de los místicos.

Nuestro digno astrológico corresponde a la posición del Sol en el momento de nuestro nacimiento. Revela de qué manera brillaremos en el mundo, cómo encender nuestra chispa personal, cómo desarrollaremos nuestra personalidad con consciencia y cómo tocaremos nuestra partitura en la Tierra. En resumen, la manera en la que encarnaremos nuestra identidad aquí y ahora. Pero más allá de nuestra personalidad, el Zodiaco cuenta además la gran historia del ser humano con el desarrollo de 12 historias, 12 recorridos vitales, 12 estilos, 12 talentos. El día de nuestro nacimiento heredamos una parte de esta humanidad a través de la energía y lo simbólico de nuestro signo solar.

Manual de instrucciones

¡Vamos allá! Descubramos los poderes de nuestro signo solar. **¿El objetivo?** Utilizar sus recursos de manera cotidiana para crecer y conocernos mejor. **¿Cómo?** Empezando por apropiarnos del mensaje, el talento y la función de nuestro signo. **¿Por qué**? Porque este signo describe el corazón de nuestra personalidad, nuestra misión en el mundo y la manera en la que la gente nos ve. ¡No está nada mal!

Aries

"Acepta lo que hay aquí y ahora y sigue adelante."

Su lugar en el Zodiaco

Has nacido entre el 21 de marzo y el 20 de abril, eres Aries, ¡el primer signo en lanzarse a la pista del Zodiaco! Aries da la señal de salida. Expresa así el impulso vital que surge al dejar atrás el invierno y se impone en todo y contra todo. Encarna el símbolo del nacimiento, del grito primario, esa voluntad de vivir y de ocupar su lugar en el mundo. Durante toda su vida, Aries conservará este estado de ánimo, este instinto de supervivencia, este ánimo de corredor al que le gusta la velocidad y odia quedarse estancado. No importa con qué obstáculos se encuentre, siempre desarrolla una vitalidad fuera de toda norma que le empuja a superar montañas para llegar el primero a la línea de meta. En fase Aries, descubrimos el mundo, la energía vital, la fuerza de la superación y de existir. Desarrollamos la valentía, la capacidad de defendernos y de avanzar en la vida. Ocupamos nuestro lugar, resistimos, luchamos, demostramos nuestra existencia.

Su retrato psicológico

Sus cualidades más envidiadas

✳ **Su valentía.** Aries no renuncia a nada. No importa cuáles sean las dificultades, los obstáculos con los que se encuentre, nunca se quedará sin hacer nada. Si se bloquea, acelera, se rebela y siempre encuentra la manera de transmitir sus ideas, de encontrar soluciones.

✳ **Su increíble energía física y psíquica.** Lo imposible no existe para Aries. Si es demasiado fácil, se aburre. Nada como una batalla para potenciar los talentos y los recursos de Aries. Entra en la batalla con la determinación y la energía del trueno. El combate le motiva.

✳ **Su franqueza.** Si hay que ser sincero, él lo es. Puede herir a las almas sensibles, pero jamás hará trampa. Aries es un libro abierto. Dice lo que piensa, da un alarido, después olvida y vuelve con sinceridad y autenticidad.

21 de marzo - 20 de abril

Elemento: fuego. **Polaridad:** yang. **Estación:** primavera.
Planeta: Marte. **Órgano:** cabeza. **Color:** rojo.
Chakra: sacro. **Arquetipo:** la amazona. **Misión:** ser.

Sus peores defectos

✳ **Su impaciencia.** Aries no soporta esperar. Si sus planes se retrasan, cuando se aburre, hay que decirlo, se pone insoportable. Esto juega en su contra y, aunque es consciente, no lleva demasiado bien este feo defecto.

✳ **Sus enfados monumentales.** ¡Quien no ha sufrido alguna vez un enfado de Aries no ha visto nada! Explota a la mínima chispa. Pero, cuidado, detrás de su imagen de guerrero se esconde un alma a flor de piel. Cuando tocan a Aries, el enfado toma las riendas de su centro de control emocional. Explota con rapidez, con una intensidad inaudita, pero su vuelta a la calma es tan veloz como espontánea.

✳ **Su susceptibilidad.** Aries tiene la piel muy fina. Se mosquea a la primera de cambio y no se anda con rodeos si tiene que decir que el nuevo corte de pelo no nos sienta nada bien. Y ojo con nuestra respuesta: no hay que intentar devolvérsela; ¡nos responderá con un imparable misil de vuelta!

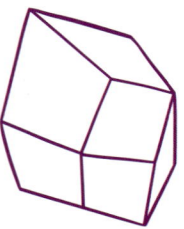

LOS SIGNOS BIEN RECIBIDOS EN SU EQUIPO

• **Acuario** por su visión optimista, creativa e innovadora sobre el futuro.

• **Sagitario** por su capacidad de fijarse un objetivo y poner todo en marcha para conseguirlo.

• **Géminis** por su inteligencia y su capacidad de reírse de todo.

LOS SIGNOS QUE LE PERTURBAN

• **Piscis** le desconcierta; este signo es todo un enigma.

• **Cáncer** es demasiado sensible, lunático, prudente, pero muy enternecedor.

• **Escorpio,** el rival del que más desconfía, pero el que más le fascina.

SU KIT DE LITOTERAPIA

• **Su piedra de nacimiento:** el rubí, que estimula su voluntad y refuerza su poder interior.

• **Para potenciar sus cualidades:** la coralina, que desarrolla la confianza, la autonomía, la regulación y la concentración.

• **Para corregir sus defectos:** el lapislázuli, que abre el espíritu hacia una mayor consciencia. Esta piedra facilita la escucha, la toma en cuenta de la totalidad de las informaciones antes de tomar una decisión y desarrolla la intuición.

Su retrato de bruja

Su mayor poder

¡Celebrar la vida! ¿Su bien más preciado del mundo? Estar aquí y ahora, sentir que su corazón late, el soplo de vida que recorre sus células. Repite sin parar: «Mientras hay vida, hay esperanza». Esta frase resume de maravilla la filosofía de Aries, que sabe cuidar muy bien de la vida y de su movimiento. Entra a cualquier batalla para proteger lo vivo. Celebra Ostara, la fiesta pagana del equinoccio de primavera. Ese día cubre de flores su altar, su casa, su mesa y se pone estampados floridos mezclando motivos como más le gusta. ¡Sobredosis obligatoria de flores!

Su magia

Sus plantas brujas. Como signo de fuego, a Aries le encanta utilizar plantas en forma de incienso, varitas de purificación que dispersan el humo oloroso para hacer crecer su energía, abrir su espíritu o purificar un espacio. Como primer signo de la primavera, acompaña la subida de la savia, la emergencia de los primeros brotes, de las primeras flores. Aries está íntimamente conectado al reino vegetal.

Su diosa

Brigid. Una guerrera, una luchadora. Aries está cerca de las diosas que toman las armas para defender su libertad, su lugar en la sociedad. Brigid, la triple diosa celta del fuego, de la creatividad y de la fertilidad, le inspira muchísimo. Lo conecta a los ciclos de la naturaleza y encarna el poder de lo femenino creativo. Gracias a su sabiduría, aprende a gestionar los imprevistos y a digerir los fracasos. Brigid le enseña el respeto a los tiempos de repliegue y decrecimiento y le empuja a actuar en el momento más oportuno.

Su animal totémico

El halcón. En la astrología amerindia, el halcón es el animal totémico de las personas que nacen durante la «luna de los árboles en brotes», es decir, la primera luna de la primavera y del equinoccio. Sus cualidades son el entusiasmo, la eficacia, la valentía, la espontaneidad, la honestidad. Un amuleto de halcón ayuda a desarrollar sus proyectos y a relanzarlos si la energía está bloqueada. Para ello, utiliza su visión aguda, que le permite evaluar rápidamente la situación y esclarecer las zonas oscuras para poder tomar decisiones.

Su truco para conectarse con el universo

¡Estar en movimiento! Paseo, carrera, lo que sea, medita y se conecta en movimiento. Aries se concentra en los latidos de su corazón, el aliento de vida expresado a través de su respiración. Abre de par en par sus ojos y sus oídos, admira la belleza de lo vivo que le rodea. Corta con lo mental para acoger sin filtros el don de la vida.

Tauro

" Me siento segura, serena, sana y bien rodeada. No arriesgo nada. "

Su lugar en el Zodiaco

Has nacido entre el 21 de abril y el 20 de mayo, eres Tauro, el segundo signo en lanzarse a la pista. Bueno, lanzarse es decir demasiado, ya que mantendrás el ritmo, pero con un paso incierto. Sin embargo, esta actitud aparentemente relajada no refleja en absoluto la amplitud de la motivación y de la tenacidad de este signo. Tauro sale despacio, pero una vez que ha puesto en marcha su potencia de acción nada puede detener al temperamento más luchador y perseverante del Zodiaco. Es capaz de estabilizar la chispa iniciática de Aries. Fija los cimientos, redacta un plan de acción concreto. Encarna el momento sublime en el que la naturaleza se engalana de flores y aromas. Es el signo más sensual y táctil del Zodiaco. La materia es su reino. Necesita tocar, sentir, probar, ver y escuchar. Utiliza todos los recursos de los cinco sentidos. En fase Tauro, tomamos conciencia de nuestros recursos y talentos personales. Nos situamos para construir nuestras bases materiales y afectivas. Descubrimos nuestros sentidos, el propio cuerpo, nuestros ritmos, nos fundimos con la naturaleza.

Su retrato psicológico

Sus cualidades más envidiadas

✳ **Su sensualidad.** A flor de piel, Tauro actúa, piensa y siente jugando con la paleta infinita de sus cinco sentidos. Todo es sensación, confort y placer.

✳ **Su paciencia.** Tauro dirige con maestría su ritmo vital. No hay lugar para la precipitación o el estrés de última hora. Traza su camino despacio, pero con seguridad. Nada puede frenar su recorrido, no hace ruido, pero avanza irremediablemente, la mirada fija en su objetivo, sin importar el tiempo que le cueste llegar.

✳ **Su determinación.** No hay nadie más tenaz que un Tauro comprometido con un proyecto. Se traga los contratiempos, las críticas, las tareas sin quejarse nunca, con una constancia milimétrica. Avanza silenciosamente, con firmeza, sin permitir que nadie le desvíe de su objetivo.

21 de abril - 20 de mayo

Elemento: tierra. **Polaridad:** yin. **Estación:** centro de la primavera.
Planeta: Venus. **Órgano:** garganta. **Colores:** terracota, verde matcha,
withered rose o rosa marchita. **Chakra:** corazón.
Arquetipo: la diosa madre. **Misión:** tener.

Sus peores defectos

✳ **Su terquedad.** ¿Testarudo?, ¿Tauro? Eso es poco decir... Hacerle cambiar de opinión es una utopía. Siempre responderá que es una cuestión de determinación. Pero no todas las veces es verdad; su dificultad para aceptar el cambio le empuja hacia la inercia, lo que no es determinación, sino más bien cabezonería.

✳ **Su pereza.** He aquí un mal defecto que Tauro revindica sin problemas. Hablará de calma, elogiará la lentitud, peor lo cierto es que le encanta la tranquilidad de un domingo sin hacer nada y lo asume.

✳ **Su inmovilismo.** La novedad por la novedad no va con él. Su lado conformista y algo chapado a la antigua no gusta a todo el mundo. Se mueve despacio, necesita tiempo para hacerse a la idea antes de emprender el camino. A veces, incluso, roza el «antes era mejor» sin ningún atisbo de militancia, ya que en ningún momento querrá imponerse sobre nadie. Mientras le dejen tranquilo...

LOS SIGNOS BIEN RECIBIDOS EN SU EQUIPO

• **Cáncer** por su sensibilidad, su dulzura y su apoyo incondicional.

• **Libra,** con quien comparte la misma diosa, Venus. Ambos veneran el amor, la paz y la belleza.

• **Capricornio** por su solidez, su fiabilidad y su sentido de la responsabilidad.

LOS SIGNOS QUE LE PERTURBAN

• **Géminis,** demasiado inestable y ligero, en el que confía con dificultad.

• **Escorpio,** cuyo atractivo le hace vibrar de tal manera que su seguridad afectiva termina por tambalearse.

• **Acuario,** demasiado radical y adelantado para su gusto.

SU KIT DE LITOTERAPIA

• **Su piedra de nacimiento:** la esmeralda, que abre la vía del corazón y apacigua todas las guerras interiores. Disuelve los recuerdos de sufrimiento, calma los miedos y los enfados, desarrolla la lucidez y una visión más certera.

• **Para potenciar sus cualidades:** el zafiro, que se conecta a las esferas celestes y activa la inspiración, el conocimiento intuitivo y la fidelidad.

• **Para corregir sus defectos:** el ópalo o piedra de la prosperidad, que alivia su miedo a la carencia y al fallo, estimula la confianza, la fe en la vida, y anima a dejar de ser posesivo.

Su retrato de bruja

Su mayor poder

Su conexión con la naturaleza. Este poder se transmite de madre a hija. Tauro pertenece al linaje de las grandes diosas madre. Hombre o mujer, asume su redondez, su parte femenina. Le gusta caminar descalza en la naturaleza, dormir a la luz de las estrellas, bucear desnuda en un lago. Habla a las flores y a las plantas y escucha el canto de las piedras. En este signo, la Luna está exaltada y multiplica todos sus poderes. Tauro es uno de los signos más sensibles a la Luna y se acomoda a su paso con éxito y felicidad.

Su magia

Los cristales. Como signo de tierra, desarrolla una profunda intimidad con el mundo mineral. Le gustan los cristales por la diversidad de sus formas y colores. Venus, la diosa de la belleza, es su mundo: Tauro concede una gran importancia al aspecto estético. Admira tanto los cristales que los utiliza. El «piel con piel» con una piedra le sienta muy bien. Tiene debilidad por las piedras rodadas, tan suaves y sensuales cuando se manipulan.

Su diosa

Hathor. Todas las diosas madres le inspiran. Es descendiente directa de este linaje poderoso y majestuoso. Pero su modelo es Hathor, la diosa egipcia de la belleza, del amor y de la maternidad. Hace brotar la leche y la miel sobre la tierra y alimenta al mundo. Se la representa con los rasgos de una vaca ornamentada con un disco de oro entre sus cuernos. Se invoca en todos los rituales de abundancia, tan apreciados y practicados por Tauro.

Su animal totémico

El castor. En la astrología amerindia, el castor es el animal totémico de las personas nacidas en «la luna de la vuelta de las ranas», es decir, la segunda luna de la primavera. Tauro reivindica sus dones, como el entusiasmo, la eficacia, el sentido de los negocios, la generosidad, la confianza, la paciencia y la perseverancia. Un amuleto de castor ayuda a mantener un esfuerzo duradero gracias a sus talentos fundadores, un ingenio técnico y pragmático.

Su truco para conectarse con el universo

El contacto físico con la tierra. Caminar descalza sobre la hierba, sobre la tierra mullida, abrazar un árbol, sentir cómo su fuerza se propaga por el cuerpo. Después, crear un círculo sagrado con ramas, hojas y flores para bailar, tumbarse en el centro y conectar con todo su ser, con toda su alma a la Madre Tierra.

Géminis

*"El verbo es mi reino; las palabras,
mis compañeras. Me expreso contra viento y marea.
Confío en mis conocimientos."*

Su lugar en el Zodiaco

Has nacido entre el 21 de mayo y el 20 de junio, eres Géminis, el tercer signo en la pista. En cuanto coges el relevo de Tauro, sales volando. El primer signo de aire ya está en el centro. Movimiento, expansión, comunicación, salimos de la energía pesada y densa de Tauro para experimentar la ligereza y la movilidad de Géminis. Corre como el viento. Rápido, ágil, táctico, utiliza toda la vivacidad de su inteligencia para llegar lo más rápidamente posible a la línea de meta. En cuanto a la salida, Géminis es uno de los más veloces, pero no siempre termina sus carreras. La culpa es del aburrimiento, de todas las demandas exteriores a las que no se resiste, que perturban su concentración y lo alejan de su objetivo inicial. En fase Géminis, desarrollamos nuestra capacidad para aprender, descubrir, comunicar, adaptarnos, distanciarnos a través del humor y el conocimiento.

Su retrato psicológico

Sus cualidades más envidiadas

✳ **Su curiosidad.** En estado de alerta las 24 horas, Géminis es el mejor informado e instruido de todos los signos del Zodiaco. Simple: todo le interesa. La más mínima novedad aviva su curiosidad. Capta lo novedoso en un abrir y cerrar de ojos, lo digiere rápido, lo transmite y después vacía su memoria para acoger información nueva y apasionante. A esto se suma una sed de aprendizaje fascinante; no para de informarse, de acumular desafíos. Es un devorador del aprendizaje.

✳ **Su inteligencia.** Su viveza de espíritu impresiona a sus interlocutores. Aprende y asimila enseguida. Conecta las informaciones, las fuentes y los contactos con la rapidez de un disco duro. No es fácil seguirle el ritmo, pasa de un tema al otro con facilidad. ¿Su punto fuerte? Una gran capacidad para comunicar, para transmitir e intercambiar.

✳ **Su humor.** Maneja todas las facetas del humor, salvo la vulgaridad, de la que huye

21 de mayo - 20 de junio

Elemento: aire. **Polaridad:** yang. **Estación:** final de la primavera.
Planeta: Mercurio. **Órganos:** pulmones, brazos, manos, pecho.
Colores: plata, amarillo pálido. **Chakra:** garganta.
Arquetipo: el mensajero. **Misión:** pensar.

como de la peste. Su sentido de la respuesta ágil es simplemente perfecto y a veces le evita tener que entrar en una conversación en la que estuviera incómodo. El humor es su arma secreta, juega esa carta en cuanto está en dificultades. Maneja a la perfección el humor negro y la burla. Cáustico, puede llegar a ser hiriente sin saberlo.

Sus peores defectos

✳ **Su despreocupación.** Siente un inmenso terror a sentirse aprisionado y reprimido. Como resultado, se refugia en la despreocupación y en la hiperligereza, lo que le evita afrontar el lado negativo y aburrido de la vida. Esta actitud no es bien recibida por sus allegados, que le reprochan falta de madurez o de empatía.

✳ **Su picardía.** Astuto como un zorro, Géminis está dispuesto a todo para salir de las situaciones difíciles. Una pequeña mentira no es para tanto. Tiene una relación de geometría variable con la verdad. Esta característica tiene más que ver con la negación que una voluntad de herir; si miente es porque realmente cree que lleva razón o que es mejor así. Aunque a veces lo hace por cobardía, cuando no tiene la valentía suficiente para afrontar la realidad.

✳ **Su versatilidad.** Quien haya trabajado con un Géminis lo sabe: cambia de opinión constantemente. ¿Por qué? Explora todas las opciones que se le presentan y tiene la desafortunada tendencia a quedarse con la última opinión. La vida es un flujo, un movimiento constante. Tiene mucha dificultad para mantenerse estable, quedarse con una decisión y seguir con ella sin cambiar las opciones a lo largo del camino.

LOS SIGNOS BIEN RECIBIDOS EN SU EQUIPO

- **Virgo** por su precisión, sus competencias técnicas y su organización concisa.
- **Libra** por sus inmensas capacidades de seducción, diplomacia y comunicación.
- **Acuario** por su visión, su capacidad de percibir las señales débiles que anuncian grandes tendencias para proyectarse en el futuro yendo un paso por delante.

LOS SIGNOS QUE LE PERTURBAN

- **Tauro**, demasiado lento, testarudo y conservador, aunque admire su resistencia y su aguante.
- **Capricornio**, demasiado callado e indescifrable.
- **Piscis**, demasiado incierto e inestable en sus intenciones, tiende a acentuar sus defectos.

SU KIT DE LITOTERAPIA

- **Su piedra de nacimiento:** la citrina, que estimula la inteligencia, la alegría de vivir y la apertura de espíritu.
- **Para potenciar sus cualidades:** el topacio imperial, que desarrolla la conexión con su interior y sus valores. Anima la toma de conciencia y desarrolla el potencial de transmisión.
- **Para corregir sus defectos:** el jade, bautizado como «piedra del emperador», que ayuda a vincularse con la energía del corazón y calma la mente y las tensiones nerviosas.

Su retrato de bruja

Su mayor poder
Captar y transmitir los mensajes del universo. Géminis es muy receptiva a las señales. Además, no tiene igual a la hora de conectar informaciones entre sí, encontrar mensajes escondidos y retransmitirlos a su manera. Normalmente, practica la escritura automática, una mina de oro para sacar a la luz los mensajes de su inconsciente o los que provienen de «otro mundo».

Su magia
La profecía. La palabra es su fuerza, su talento por excelencia. Está unida al linaje de las pitonisas, de las profetisas, de las adivinadoras de la Antigüedad que se consultaban para obtener un oráculo, un consejo. Destaca en el manejo de las palabras, de las metáforas, de los aforismos, de las imágenes que transmiten un mensaje.

Su diosa
Sarasvati. Venera a todas las diosas de la sabiduría. Su preferida es Sarasvati, la diosa india del conocimiento, de la elocuencia, de la sabiduría y las artes, todos los atributos que coinciden con los rasgos de la personalidad de Géminis. A esta diosa también se la conoce como Vach, que en sánscrito es 'el verbo original y creador'. ¡Nada más que añadir!

Su animal totémico
El ciervo. En la astrología amerindia, el ciervo es el animal totémico de las personas nacidas en «la luna de la plantación del maíz», es decir, en la última luna de la primavera. Encarna los dones de la comunicación, la vivacidad de espíritu, la inteligencia, el humor, la camaradería, el eclecticismo. Un amuleto de ciervo desarrolla el amor y la compasión y activa los talentos diplomáticos de este signo, así como su capacidad de escucha y de percepción fina de las situaciones.

Su truco para conectar con el universo
Abrir un libro al azar. Lo escrito es la vía más directa que Géminis encuentra para contactar con su inconsciente y el mundo invisible. Al abrir un libro al azar escogido de manera espontánea de la librería atrapa al vuelo la frase que le es más evidente. Normalmente, el mensaje es sorprendentemente acertado.

Cáncer

*"Me siento emocionalmente segura.
Puedo ofrecer mi amor y ayuda a mis allegados
y compartirlos con ellos sin obstáculos."*

Su lugar en el Zodiaco

Has nacido entre el 21 de junio y el 20 de julio, eres Cáncer, el cuarto signo que salta a la pista. La entrada en la estación de Cáncer inaugura la llegada del primer signo de agua. La carrera se vuelve más fluida y suave. Te adaptas a las curvas de la vida con empatía y delicadeza. Cáncer retoma el trabajo de construcción de las bases y raíces de Tauro y le añade su toque afectivo. La etapa de Cáncer está dedicada al reconocimiento de nuestras raíces y recuerdos familiares, a la construcción de nuestra seguridad afectiva e interior. Es el terreno inevitable sobre el que avanzará el curso de la vida. En fase Cáncer, nutrimos nuestro cuerpo, nuestro corazón y nuestro espíritu, construimos nuestra burbuja emocional, identificamos nuestras necesidades, encontramos los recursos para satisfacerlas sin caer en la dependencia, alimentamos nuestros sueños y nuestra imaginación.

Su retrato psicológico

Sus cualidades más envidiadas

✳ **Su sensibilidad.** El cangrejo es uno de los signos del Zodiaco más empáticos y sutiles en cuanto a sentimientos. Su sensibilidad a flor de piel se conecta con todas las emociones, felices o tristes. Protector, siempre ofrece todo tipo de atenciones. Sus análisis son delicados, sin palabrería psicológica, ya que vienen del corazón.

✳ **Su imaginación.** Cáncer es un gran soñador. Desarrolla un talento sorprendente para contar historias y desarrollar universos oníricos. Es el que conecta con mayor facilidad a su niño interior. Para ser un gran artista, solo le falta un poco de confianza en sí mismo y la valentía para salir de su zona de confort.

✳ **Su tenacidad.** Bajo una apariencia tímida y soñadora, Cáncer es todo un guerrero. Con un caparazón sólido y pinzas poderosas, está bien armado para defenderse,

21 de junio - 20 de julio

Elemento: agua. **Polaridad:** yin. **Estación:** principio de verano.
Astro: Luna. **Órganos:** pecho, estómago. **Colores:** blanco irisado, verde jade,
turquesa. **Chakra:** tercer ojo. **Arquetipo:** la madre. **Misión:** sentir.

pero, sobre todo, para proteger su intimidad personal y familiar. Nunca se da por vencido si algo amenaza a sus allegados. Puede ser temible, firme e intransigente.

Sus peores defectos

✸ **Su lado gruñón.** ¿Lunático el cangrejito? Es culpa de su astro, la Luna, que no para de cambiar de aspecto durante todo el mes y de revolucionar sus estados de ánimo. Pasa de la risa al llanto y de la dulzura al enfado en un abrir y cerrar de ojos. ¿Por qué? Ni siquiera él lo sabe. Su sensibilidad es de una porcelana finísima que sobreactúa al más mínimo choque emocional.

✸ **Su lado «mamá gallina».** «Ponte el abrigo, que vas a coger frío». Cáncer se toma demasiado en serio su papel de *mamma* del Zodiaco, aun a riesgo de cruzar la línea roja y resultar invasivo. Susceptible, no acepta del todo bien los replanteamientos y se va a refunfuñar a un rincón.

✸ **Su inmadurez.** El pequeño cangrejo sueña con quedarse para siempre en el plácido mundo de la infancia. No se le da bien encontrar la propia autonomía ni arriesgarse a crecer. Detesta que lo infantilicen, pero hace lo que sea para quedarse en el paraíso perdido de la infancia. Ahora que cualquiera le hace darse cuenta de sus incoherencias…

LOS SIGNOS BIEN RECIBIDOS EN SU EQUIPO

• **Tauro** por su estabilidad, su solidez y la dulce calma que le hace sentir seguro.

• **Virgo** por su organización, su capacidad para sanar sus heridas físicas y emocionales y también por su fidelidad.

• **Escorpio** despierta sus sentidos, potencia su sensualidad, activa su libido y le extasía.

LOS SIGNOS QUE LE PERTURBAN

• **Aries** le asusta por su discurso franco, su faceta veloz y su coqueteo.

• **Géminis,** demasiado cambiante, indeciso y sin vínculos.

• **Acuario,** tan distante, mental y disruptivo que no consigue proyectarse a su lado.

SU KIT DE LITOTERAPIA

• **Su piedra de nacimiento:** la piedra de luna, que libera vibraciones maternales, desarrolla las percepciones sutiles y la intuición y favorece la creatividad y la dulzura.

• **Para potenciar sus cualidades:** el cuarzo rosa, que transforma la hipersensibilidad en fuerza positiva. Refuerza también los vínculos afectivos. Es la piedra del amor por excelencia, aporta dulzura, ternura y compasión.

• **Para corregir sus defectos:** el rubí, que calma los temperamentos inquietos y despierta la confianza, la voluntad y la valentía.

Su retrato de bruja

Su mayor poder

Alimentar. Hiperconectado a todas las necesidades físicas, psicológicas o espirituales, Cáncer desarrolla un talento increíble para alimentar a quienes le rodean. Siembra las semillas del espíritu jugando a contar historias. Nutre el alma conectando todos los recuerdos, ya sean familiares, personales o kármicos, honrando a sus ancestros. Alimenta el cuerpo con platos de temporada. ¿Su plato estrella? El *moon milk* o el arte de elaborar bebidas a base de leche vegetal aromatizada con plantas para dejarse llevar en brazos de Morfeo.

Su magia

El agua lunar. La Luna es la gran inspiradora de Cáncer. Con cada luna llena prepara un agua lunar que le servirá para todo tipo de rituales. A lo largo de esa noche dispondrá al aire libre un cuenco con agua para cargarla de energía lunar. La utilizará más tarde para sus baños, para limpiar sus piedras, para fabricar espráis con algún agua floral, aceites esenciales, un cristal…, o para rociar su almohada con unas gotas mágicas.

Su diosa

El hada Morgana. Cáncer se identifica con todas las diosas lunares, pero hay una que es su favorita: Morgana, el hada de la tradición artúrica. Mitad hada, mitad humana, se ubica en el linaje de las diosas lunares celtas. Es la gran sacerdotisa de la isla misteriosa de Avalon. Sobre su frente lleva una media luna. Demasiadas veces es representada en su faceta más oscura, incluso maléfica, cuando en realidad Morgana representa todos los matices del poder femenino, a imagen y semejanza de las fases de la Luna.

Su animal totémico

El pájaro carpintero. En la astrología amerindia, el pájaro carpintero es el animal totémico de los que nacieron en «la luna del Sol fuerte», es decir, en la luna del solsticio de verano. Este animal encarna talentos como la intuición, la ternura, la generosidad y la compasión. Un amuleto de esta ave desarrolla la capacidad de escucha benevolente y la intuición de Cáncer con el objetivo de conectarse lo más cerca posible con su voz interior.

Su truco para conectarse con el universo

El sueño. Cáncer es un experto en oniromancia, el arte de descifrar los sueños. Guiado por la Luna, Cáncer toma nota y escucha los mensajes que transmiten sus sueños. En su mesilla de noche tiene una libreta para anotar sus viajes nocturnos. Es muy receptivo a los símbolos y es capaz de descifrar sus relaciones dentro de un sueño.

Leo

*« Expreso mi personalidad,
mi creatividad y mi poder con respeto
y generosidad. Comparto mis éxitos y devuelvo
lo que la vida me ha dado. »*

Su lugar en el Zodiaco

Has nacido entre el 21 de julio y el 21 de agosto, eres Leo, el quinto signo en la carrera del Zodiaco. La entrada en escena de Leo marca un punto álgido. El Sol entra en su signo. Es el centro del verano, el momento del año en el que su poder, su vitalidad y su fuerza son máximas. Un pico de energía y creatividad se instala. Es el momento de expresarse, de revisar el crecimiento de nuestras ambiciones, de apuntar a la posición más alta del podio. En plena posesión de nuestros medios físicos y psicológicos, nuestro poder de seducción alcanza su punto más alto. Juguemos, mostrémonos, exhibamos nuestros talentos, asumamos el papel de nuestra vida. En fase Leo, brillamos, encontramos los medios para triunfar, para amar en versión XXL, para dar rienda suelta a nuestra creatividad y nuestro talento. Nos exponemos sin falso pudor, asumiendo nuestro poder.

Su retrato psicológico

Sus cualidades más envidiadas

✳ **Su carisma.** Leo nunca pasa desapercibido. Desprende un aura natural. Capta la luz y, lo quiera o no, atrae todas las miradas. ¿Molesto o extasiado ante esta personalidad lunar? En cualquier caso, nunca deja indiferente y es muy difícil resistirse a sus encantos y a su poder de convicción.

✳ **Su lealtad.** «Que me parta un rayo si miento». No hay nadie más fiable que un Leo. Es el signo del honor, un valor que respeta más que cualquier otra cosa en el mundo. Cuando se compromete, no cabe duda de que mantendrá su palabra y cumplirá sus obligaciones. Removerá cielo y tierra para mantener su promesa.

✳ **Su generosidad.** Se dice que Leo tiene gustos lujosos y es cierto, pero comparte, da, regala, invita. No hay que hacer caso a las malas lenguas: Leo no es egoísta y, muy al contrario, un Leo feliz es un Leo generoso

21 de julio - 21 de agosto

Elemento: fuego. **Polaridad:** yang. **Estación:** verano central.
Astro: Sol. **Órganos:** corazón, plexo solar. **Colores:** oro, amarillo, naranja.
Chakra: plexo solar. **Arquetipos:** la reina, el rey. **Misión:** expresarse.

que devolverá con creces lo que ha ganado tras mucho esfuerzo.

Sus peores defectos

✳ **Su orgullo.** El fracaso es su peor pesadilla. El más mínimo paso en falso se transforma en una herida que esconderá celosamente. Se encierra en sus certidumbres y no acepta bien las críticas. En realidad, su orgullo esconde una parte de duda que a veces le asalta y le desestabiliza. Un sentimiento de debilidad oculto por una seguridad que solo está presente para esconder sus errores.

✳ **Su lado excesivo.** En la lista de tópicos, a Leo le encanta alardear, no puede evitarlo. Todo tiene que ser perfecto, de la mejor calidad y, sobre todo, que se note. Así que sí, a veces puede resultar exagerado, pero es parte de su encanto, ya que comparte sin medida.

✳ **Su autoritarismo.** Con solo una mirada lo dice todo. Mucho cuidado con «el crimen de lesa majestad»; a Leo le encanta el poder y no le gusta compartirlo. Es el único que lleva el timón, y cualquiera que cuestione sus decisiones será castigado. Lo común y la democracia participativa no son lo suyo.

LOS SIGNOS BIEN RECIBIDOS EN SU EQUIPO

• **Géminis** por su inteligencia, su comunicación impecable y sus talentos oratorios; un aliado de peso.

• **Libra** por su estilo y una elegancia que le son irresistibles, dos estetas en completa connivencia.

• **Sagitario,** que le acompaña en sus salidas gastronómicas, admira su cultura, su apertura de mente y sus valores humanos.

LOS SIGNOS QUE LE PERTURBAN

• **Aries,** porque ambos luchan por el primer puesto. A ninguno de los dos le gusta perder, pero se respetan el uno al otro.

• **Escorpio,** con quien el cara a cara puede ser terrible. A los dos les gusta el poder y no quieren compartirlo.

• **Piscis,** ese ser que parece haber perdido su ego le desestabiliza y la fascina al mismo tiempo.

SU KIT DE LITOTERAPIA

• **Su piedra de nacimiento:** el ojo de tigre, que regula los estados emocionales y le ayuda a tomar distancia y a desarrollar la espontaneidad, la claridad de espíritu y la lealtad.

• **Para potenciar sus cualidades:** la citrina, que revela el brillo interior, regula el ego y atrae la prosperidad.

• **Para corregir sus defectos:** la amatista, que anima la humildad y atempera el exceso de confianza. Transmite la noción de servicio y abre el espíritu hacia otros niveles de conciencia.

Su retrato de bruja

Su mayor poder
Hacer ofrendas. Leo ama la riqueza, la abundancia, la belleza. Es el signo que asume el control de la estación más fértil y florecida del año. Su generosidad natural le empuja a compartir lo que la naturaleza y la vida le dan. Le encanta honrar a todo tipo de dioses y diosas. No hay que olvidar que sueña con alcanzar el Olimpo y, a veces, se tiene por una deidad. Les dedica un altar sobre el que dispone sus ofrendas con un gran sentido estético.

Su magia
La invocación de las diosas magas. Leo pertenece al linaje de grandes sacerdotisas de la Antigüedad, aquellas mujeres poderosas y veneradas de los templos que practicaban rituales de alta magia y de iniciación sexual divina. Para conectar con esta historia, Leo invoca a las diosas magas, como la egipcia Isis o la babilonia Ishtar, pronunciando tres veces sus nombres y recogiendo, después, sus mensajes en una meditación.

Su diosa
Isis. La ganadora es Isis, diosa egipcia del Amor, de la magia y de la unión sexual. Hermana y esposa del dios Osiris, va en busca del cuerpo desmembrado y sin vida de su esposo, asesinado por su hermano Seth. Ella momifica su cuerpo para reconstruirlo, se une a él y engendra a Horus. Isis es una diosa fundamental para comprender las polaridades de lo femenino y lo masculino. Guía a las mujeres que quieren encontrar su potencia, su autoridad y su poder.

Su animal totémico
El salmón. En la astrología amerindia, el salmón es el animal totémico de las personas nacidas en «la luna de las bayas maduras», es decir, en la segunda luna del verano. Este animal encarna dones como el entusiasmo, la creatividad, el amor, la amistad, la valentía y la alegría de vivir. Un amuleto de este pez permite asentar el liderazgo de Leo gracias a su energía rebosante y su valentía todoterreno.

Su truco para conectarse con el universo
Crear un altar. Leo es el artista de los altares. Su creatividad explota cuando compone espacios sagrados donde representa los cuatro elementos con un instinto notable, elige con un cuidado exquisito los objetos, las plantas, los cristales, la diosa, el dios, el ancestro o la persona a la que quiere honrar. Sus altares están concebidos como una oda a la belleza del mundo y de la vida.

Virgo

SU MANTRA

*"Estoy agradecida a la vida,
a la naturaleza, a la gente, a todo el amor
que me rodea y me sostiene.
Confío en mí y en mis talentos."*

Su lugar en el Zodiaco

Has nacido entre el 22 de agosto y el 22 de septiembre, eres Virgo, el sexto signo en la pista zodiacal. Virgo completa la primera parte del ciclo. Es un signo de transición. De Aries a Virgo la personalidad se ha ido construyendo paso a paso. De ahora en adelante, la misión del Zodiaco será la de volverse hacia los demás, abandonar la construcción del ego para compartir, realizarse y formar parte de la vida social. Virgo verifica hasta el último detalle, perfecciona la transición, conserva lo mejor para ir a buscar al prójimo y adentrarse en el mundo. Es un signo de precisión, de devoción, de servicio y de gran conocimiento. En fase Virgo, nos perfeccionamos, nos cuidamos, prestamos ayuda, desarrollamos nuestro discernimiento, escuchamos nuestro cuerpo y lo cuidamos. Clasificamos, seleccionamos lo que es bueno para nosotros y para los demás. Depuramos, comenzamos a abandonar una parte del ego para entrar en la alteridad.

Su retrato psicológico

Sus cualidades más envidiadas

❋ **Su sentido del cuidado.** Virgo es uno de los signos más sensibles a las energías del cuerpo. Es una curandera excepcional, algo alquimista y bruja. Como tiene poca confianza en sí misma, profundiza sus conocimientos y se forma constantemente para conseguir la perfección.

❋ **Su discernimiento.** No encuentra rival a la hora de separar la paja del trigo. De una paciencia y devoción sorprendentes, analiza, contrasta las informaciones, mide los pros y los contras antes de tomar una decisión. ¿Sus obsesiones? La justicia, la mesura y el equilibrio.

❋ **Su organización.** Virgo es la reina de la organización, de las listas de tareas, de las agendas, de las representaciones gráficas. Todo está ordenado de manera impecable, planificado, presupuestado quizá de forma

22 de agosto - 22 de septiembre

Elemento: tierra. **Polaridad:** yin. **Estación:** final del verano.
Planeta: Mercurio. **Órgano:** intestino. **Colores:** blanco, violeta, verde pastel.
Chakra: garganta. **Arquetipo:** la mística. **Misión:** servir.

desmesurada: puede llegar a perder el sentido de la improvisación e incluso algo de su creatividad.

Sus peores defectos

✳ **Su ultraperfeccionismo.** Objetivo: ¡cero fallos! Virgo pone el listón alto, muy alto. Una coma olvidada y habrá que tirar todo el documento. Casi nunca está satisfecha y se pasa el tiempo retocando, mejorando, rehaciendo, para alcanzar la perfección..., la que no existe. Es un poco «pesada», pero muy competente y digna de la mayor confianza.

✳ **Su hipocondría.** Virgo no se despega de las webs de salud y propiedades de aceites esenciales y sigue de cerca la investigación médica. Su botiquín es único en su género. Podemos encontrar de todo: desde crema para las picaduras hasta aspirinas.

✳ **Su falsa modestia.** Virgo tiene pánico a mostrarse y, sin embargo, siempre está buscando la excelencia. No protestará si no se le felicita lo suficiente por su trabajo, pero si eso ocurre por la noche no podrá conciliar el sueño. Espera los aplausos hirviendo de impaciencia sin atreverse a confesarlo.

LOS SIGNOS QUE SON BIENVENIDOS EN SU EQUIPO

- **Tauro** por su paciencia, su resistencia y su comprensión del cuerpo, que le transmiten calma.
- **Cáncer,** que le aporta ese toque de sensibilidad que tanto le gusta recibir.
- **Capricornio,** en quien tiene total confianza, están en la misma onda: comparten devoción por el rigor y sentido de la responsabilidad.

LOS SIGNOS QUE LE PERTURBAN

- **Aries,** que le resulta demasiado rápido, incisivo y directo y le provoca vértigo.
- **Géminis,** en quien no confía por ser demasiado cambiante, ligero y despreocupado, aunque le fascina su vivacidad de espíritu.
- **Leo,** al que considera excesivamente seguro de sí mismo, esnob y altivo, pero del que admira su exigencia.

SU KIT DE LITOTERAPIA

- **Su piedra de nacimiento:** el peridoto, que regula el nerviosismo emocional y aporta luz interior. También desarrolla el análisis, la concentración y la integridad.
- **Para potenciar sus cualidades:** el ágata, piedra de delicadeza que apacigua las tensiones, calma lo mental y lo emocional e invita a la calma.
- **Para corregir sus defectos:** el aguamarina, que alivia el estrés, facilita la verbalización y la claridad de espíritu y apacigua las incomprensiones.

Su retrato de bruja

Su mayor poder

Separar el grano de la paja. Virgo tiene buen ojo para discernir lo verdadero de lo falso, lo bueno de lo malo. Una mujer de este signo es precisa, competente y técnica, estudia los temas desde múltiples perspectivas, se informa, prueba y adopta decisiones después de haber sopesado todas las opciones. En realidad, su instinto es potente, pero necesita todo su repertorio de pruebas y competencias para estar segura. Ella «sabe», pero no lo hace ver.

Su magia

Las tisanas curativas. Virgo es la boticaria del Zodiaco, la que mejor conoce las propiedades medicinales de las plantas. Las colecciona, las seca, las conserva. No tiene igual para crear sus propias infusiones, brebajes y pociones mágicas.

Su diosa

Deméter. Todas las diosas «sembradoras y recolectoras» le inspiran, pero la que más le conmueve es Deméter, diosa griega de la cosecha y la recolecta. Es la que enseña a los humanos el arte de la siembra y las labores hasta que su vida se vio truncada. Hades, el señor de los mundos subterráneos, se llevó a su hija Perséfone. Desesperada, erró durante días para encontrarla. La tierra se volvió estéril, víctima de su pena. Zeus intervino y autorizó a Perséfone a venir cada seis meses al lado de su madre. Virgo se reconoce en el rostro de esta diosa que inspiró los famosos misterios de Eleusis que celebraban el ciclo vida-muerte-vida, símbolo de renacimiento.

Su animal totémico

El oso. En la astrología amerindia, el oso es el animal totémico de las personas nacidas en «la luna de la siembra», es decir, la última luna del verano. Este animal encarna dones como el ardor en el trabajo, la rectitud, la precisión, la discreción, la modestia y el análisis. Un amuleto de oso permite atravesar periodos de dificultad trabajando la confianza propia y también usando la potencia física y la fuerza emocional de este animal que supera todos los obstáculos y nunca flaquea.

Su truco para conectarse con el universo

La recolecta silvestre. Virgo sale al campo, al bosque o a su propio jardín con una cesta en la mano para recoger las flores y plantas que le servirán para elaborar sus remedios naturales. Precisa en su gesto, observadora y precavida, se evade, vacía su espíritu y se conecta a la naturaleza y a su interior mientras recolecta los tesoros de su reino vegetal.

Libra

" Cultivo la paz, la armonía y la belleza. Conecto con todas las energías del amor, la justicia y la tolerancia. "

Su lugar en el Zodiaco

Has nacido entre el 23 de septiembre y el 22 de octubre, eres Libra, el séptimo signo que entra en la carrera. Libra inaugura la segunda parte del año en la rueda del Zodiaco. El Sol ha recorrido los seis primeros signos. La construcción de la identidad ha terminado. Es el momento de enfrentarse al mundo, de compartir, transmitir los valores propios y realizarse. Libra es el signo del encuentro amoroso, profesional, amistoso, filosófico y espiritual. Venus, la diosa del amor y de la belleza, guía sus pasos. Teje los lazos, la confianza y el equilibrio en todas las relaciones. En la fase de Libra, nos encontramos, nos enamoramos, amamos. Defendemos la justicia, la mesura y el diálogo. Organizamos concentraciones, tienen lugar las relaciones diplomáticas y construimos y conservamos la paz.

Su retrato psicológico

Sus cualidades más envidiadas

✳ **Su poder de seducción.** Tiene algo especial que marca la diferencia. Su aspecto siempre se encuentra en perfecta armonía con su silueta, se maquilla sin que casi se note, pero de modo que produce un efecto sorprendente. ¿Su punto fuerte? ¡La mirada! ¿Algo más? Su estilo, un modelo de delicadeza y elegancia.

✳ **Su tolerancia.** No tiene igual para ponerse en el lugar del otro, escuchar todas las opiniones, valorarlas y colocarlas en igualdad de condiciones. Respeta las diferencias y defiende a quienes sufren discriminaciones. Tiene un profundo sentido de la justicia y de la equidad.

✳ **Su sentido estético.** Libra forma parte del equipo artístico del Zodiaco. No es la más creativa, pero su gusto es perfecto. Profesa un culto incondicional a la belleza. Tiene un sentido innato de las proporciones,

23 de septiembre - 22 de octubre

Elemento: aire. Polaridad: yang. Estación: principio del otoño.
Planeta: Venus. Órganos: riñón, columna vertebral. Colores: pastel, *nude*.
Chakra: corazón. Arquetipos: la enamorada, la seductora. Misión: equilibrar.

de las uniones armoniosas de colores. Brilla en los ámbitos de la decoración y del estilismo.

Sus peores defectos

✳ **Su indecisión.** ¡Ay! El talón de Aquiles de nuestra querida Libra aparece cuando debe elegir y decidir. Como respeta todos los puntos de vista y quiere seducir al mundo entero, Libra se aleja de su intuición, de su instinto, precisamente las herramientas que nos ayudan a adoptar decisiones. En lugar de eso, tergiversa, esquiva y termina siguiendo la última opinión, aun a riesgo de hacer una mala elección.

✳ **Su pasividad.** Sus dudas se pueden confundir con la pasividad, pero esta dificultad para resolver y asumir riesgos obliga a Libra a gestionar la irritación que puede provocar en la gente de su entorno. Un paso adelante, un paso atrás para acabar haciendo aguas y desacreditándose.

✳ **Sus incoherencias.** Su miedo a no gustar perjudica la expresión de sus convicciones. Su línea de conducta no siempre es clara y precisa. Sus opiniones vacilan y cambian según con quién esté. No se le da bien formarse una opinión, salvo cuando se trata de luchar contra las injusticias.

LOS SIGNOS BIEN RECIBIDOS EN SU EQUIPO

• **Tauro.** Comparte los encantos de Venus, diosa del amor y belleza. En el amor, están en la misma onda.

• **Leo** por su clase y su buen gusto. Van de la mano a visitar galerías y museos.

• **Sagitario** por su curiosidad intelectual, su sentido de la justicia y su visión altruista del mundo.

LOS SIGNOS QUE LE PERTURBAN

• **Aries.** Seguro de sí mismo, siempre en posición de combate y preparado para saltar, la mira por encima del hombro desde la otra punta del Zodiaco. Libra no entra en su juego.

• **Escorpio** le parece demasiado potente, celoso y misterioso. Ambos signos son grandes seductores y el duelo entre ellos es difícil.

• **Capricornio.** Lo ve distante, reservado, su apariencia de asceta no la deja indiferente, pero qué difícil es hablarle de amor y de sentimientos.

SU KIT DE LITOTERAPIA

• **Su piedra de nacimiento:** el cuarzo rosa, que expande un baño de amor incondicional sin proyecciones ni creencias. Clarifica su visión del amor.

• **Para potenciar sus cualidades:** el topacio imperial, que fomenta el encanto y la vida amorosa. Refuerza su capacidad para conectarse con su poder interior.

• **Para corregir sus defectos:** la turquesa, que afina el discernimiento y calma la mente.

Su retrato de bruja

Su mayor poder

Equilibrar las energías. Libra detecta instintivamente los desequilibrios, los puntos de fijación, los bloqueos. Apunta directamente al lugar del desorden, de la falta o del exceso y brilla en la armonización de los chakras. ¿Su favorito? El corazón, el núcleo del amor y de la comprensión necesaria para encontrar el equilibrio. En este caso preciso, no hay lugar para la indecisión; señala naturalmente la disonancia, pronuncia la palabra justa, la intención perfecta y relanza la circulación de la energía.

Su magia

La arteterapia. Libra está segura: la belleza puede salvar al mundo. ¿Su punto fuerte? Liberar sus talentos, curar las almas rotas a través de la alegría de crear y de producir lo bello. Sea cual sea la disciplina elegida, revela la chispa creadora que habita en el interior.

Su diosa

Afrodita. Admira a todas las divinidades del amor, pero su preferida es Afrodita, la figura griega del prestigioso panteón. Esposa, amante, seductora, encarna todas las facetas de lo femenino. Pero, lejos del cliché, Afrodita no es una mujer florero glamurosa, sino una mujer poderosa que revindica y acepta su libertad de amar a quien quiera.

Su animal totémico

La corneja. En la astrología amerindia, la corneja es el animal totémico de las personas nacidas en la «luna del vuelo de los patos», es decir, la primera luna de otoño. Libra encarna los dones de esta ave inteligente, como el idealismo, el sentido de la diplomacia, el encanto y la gentileza. Un amuleto de corneja es la solución para salir del aburrimiento y la rutina al fomentar la apertura de espíritu y la flexibilidad.

Su truco para conectar con el universo

Bailar. Libra proviene del linaje de las diosas de las artes como las sacerdotisas; la energía y la belleza de las danzas sagradas corren por sus venas. Con o sin técnica, Libra se pone en movimiento de manera natural y entra en comunión con los ritmos para despertar a la mujer divina que habita en su interior.

Escorpio

"Soy consciente de mi poder interior. Tengo los pies en la tierra y me siento a gusto con este don de ver y encarnar la luz y la sombra. Cultivo esta fuerza por el bien de todos."

Su lugar en el Zodiaco

Has nacido entre el 23 de octubre y el 21 de noviembre, eres Escorpio, el octavo signo zodiacal. Escorpio coge el testigo de Libra. ¿Su misión? Dejar el compromiso y la seducción para girar hacia la pasión. El octavo signo del Zodiaco es el lugar de la asunción de riesgos, de las experiencias límite, de la bajada hacia el núcleo interno. Escorpio explora las profundidades de la psique humana, sus tesoros y sus sombras. ¿Con qué objetivo? Con el de transformar el plomo en oro, trabajar la lucidez para decir adiós a todo lo que debe irse. En fase Escorpio asumimos nuestra sexualidad, nos superamos, nos transformamos, alimentamos nuestro poder interior. Resistimos, confrontamos nuestras sombras, aprendemos a «morir» para renacer mejor.

Su retrato psicológico

Sus cualidades más envidiadas

✳ **Su lado extralúcido.** Escorpio levanta los velos con o sin consentimiento. Sondea los corazones, las energías de un lugar, la sinceridad de una relación. Descifra los mensajes ocultos del lenguaje corporal, descubre lo que no se dice de manera consciente o inconsciente. Nada se le escapa, y esto le aporta ventaja, aunque mantiene su desconfianza.

✳ **Su resiliencia.** Indestructible, Escorpio, como el ave Fénix, renace de sus cenizas. ¿Su secreto? Estar conectado con los ciclos de la naturaleza y saber que todo tiene que desaparecer para renacer. Lo simbólico de la muerte no le da miedo; forma parte de su ADN. Cultiva mejor que nadie el poder regenerador que le permite encajar y superar todas las pruebas.

✳ **Su magnetismo.** Escorpio es fascinante, carismático. Su hechizo y erotismo lo

**23 de octubre -
21 de noviembre**

Elemento: agua. **Polaridad:** yin. **Estación:** Otoño central.
Planetas: Plutón y Marte. **Órganos:** órganos sexuales y reproductivos.
Colores: rojo tibetano o persa, negro, violeta oscuro. **Chakra:** sacro.
Arquetipos: la alquimista, la bruja moderna. **Misión:** transformar.

coloca en un plano completamente diferente al de su «mejor enemigo» Leo, que es todo luz y transparencia. El poder de seducción de Escorpio es indefinible, pero temible.

Sus peores defectos

✳ **Su pesimismo.** Tiene una visión absoluta del mundo. Es capaz de ver al mismo tiempo lo positivo y lo negativo. De ahí su lado pesimista y oscuro, que le es indisociable y del que es la primera víctima. Como ve el vaso medio vacío en vez de medio lleno, su humor se resiente.

✳ **Su intransigencia.** Escorpio no da cuartel, su exigencia es máxima. Dice claro lo que piensa. Si no está satisfecho, se le nota enseguida. Su mirada expresa lo que siente. ¿Hiriente? Seguramente, pero hay que saber que es mucho más duro consigo mismo.

✳ **Sus celos.** Escorpio se da por completo en el amor y en todo lo demás. ¿La otra cara de la moneda? Cuando se implica en una relación, cualquier asunto se convierte en una cuestión de vida o muerte. Resultado: la menor duda, la menor herida las percibe como insoportables. ¿Cómo reacciona? Con unos celos de los que le cuesta horrores deshacerse.

LOS SIGNOS BIEN RECIBIDOS EN SU EQUIPO

- **Tauro.** Aunque en el Zodiaco es su opuesto, comparte con este signo la misma intensidad amorosa. Ambos se atraen como dos imanes amantes.
- **Cáncer** por su dulzura, su sensibilidad y la benevolencia que apacigua sus tormentos.
- **Piscis** por su capacidad para darse al cien por cien para superar sus límites y dejarse llevar.

LOS SIGNOS QUE LE PERTURBAN

- **Leo.** El duelo más encarnizado del Zodiaco es el de estos dos temperamentos. Choque y admiración a partes iguales.
- **Virgo,** al que considera demasiado tímido y precavido. Le molesta porque ve su enorme potencial y que no se atreve a hacer lo suficiente.
- **Acuario,** al que observa con curiosidad. Sin embargo, los puentes entre ellos son frágiles, ya que no viajan en el mismo universo.

SU KIT DE LITOTERAPIA

- **Su piedra de nacimiento:** la obsidiana, que disuelve los enfados y potencia la fuerza vital. Pone en su lugar preciso al poder interior.
- **Para potenciar sus cualidades:** el granate, que amplía el campo de consciencia y la magia personal.
- **Para corregir sus defectos:** el aguamarina, que disuelve los pensamientos negativos y el sentimiento de fracaso. Es una piedra de comunicación que facilita la verbalización.

Su retrato de bruja

Su mayor poder

Contactar con lo invisible. Escorpio se siente a gusto con el inconsciente, los mundos subterráneos, la comunicación con el más allá y lo invisible. Le encanta profundizar, destapar, enfrentarse a lo desconocido. Utiliza su intuición para sondear tanto el pasado como el futuro. Habla con sus «almas difuntas», los espíritus de la naturaleza, los árboles, las piedras. Es capaz de ver lo que nadie ve.

Su magia

Los rituales. Tiene el arte y las formas para crear un espacio sagrado, purificarlo, consagrarlo. Invoca a las diosas, los ancestros, el inconsciente individual y colectivo. Realiza sus altares con su instinto y sus entrañas. No teme representar aquello que ni es amable ni bello, sino que resulta perturbador. Despierta las sombras para realzar las bellezas escondidas.

Su diosa

Lilith. Es la primera esposa de Adán, la que se fue del paraíso por voluntad propia, ya que se negó a desempeñar un papel secundario. Tras este golpe de efecto, fue expulsada, condenada al ostracismo, diabolizada porque se atrevió a ejercer su libertad y su autonomía. Lilith es «la que dice no», la que asume sus sombras, sus enfados, su sexualidad.

Su animal totémico

La serpiente. En la astrología amerindia, la serpiente es el animal totémico de las personas nacidas en «la luna helada», es decir, la segunda luna de otoño. Encarna los dones de este animal poderoso y temido, como la capacidad para transformarse y renacer. Un amuleto de serpiente permite dejarse llevar para acoger el cambio gracias a una extrema flexibilidad y plasticidad ante los acontecimientos.

Su truco para conectar con el universo

La purificación. Muy sensible a las atmósferas, Escorpio capta como una esponja todas las energías de un lugar o de una persona. Practica la purificación para protegerse de las ondas negativas, para deshacerse de los restos desagradables que quedan tras un ritual intenso y poderoso. Utiliza el incienso, la salvia, el palo santo y las piedras.

Sagitario

"Cultivo mi sentido de pertenencia a esta tierra. Estoy conectada con los reinos animal, vegetal y mineral. Me extiendo respetando el mundo que me rodea."

Su lugar en el Zodiaco

Has nacido entre el 22 de noviembre y el 21 de diciembre, eres Sagitario, el noveno signo. Sagitario se lanza sin demora, blandiendo su arco, hacia la línea de meta. Está concentrado en su objetivo. La llegada del Sol en Sagitario marca la vuelta de la luz tras el viaje de Escorpio al núcleo de nuestra psique. Enriquecido por esta experiencia, Sagitario perfecciona sus conocimientos, enseña la sabiduría que ha adquirido. Su curiosidad no tiene fronteras y explora las riquezas de la Tierra. En fase Sagitario, nos marcamos objetivos, seguimos aprendiendo. Transmitimos nuestro saber y experiencias. También hacemos balance de las creencias religiosas, filosóficas, políticas o espirituales. La alteridad, el sentido de la justicia y el humanismo están en el centro del proyecto Sagitario.

Su retrato psicológico

Sus cualidades más envidiadas

✳ **Su optimismo.** Sagitario expresa la alegría vital, un entusiasmo a prueba de cualquier cosa. Siempre dispuesto, avanza en la vida con una sonrisa en la cara, el corazón alegre y un espíritu conquistador. Nunca baja los brazos y siempre ve el lado bueno de las cosas.

✳ **Su apertura de mente.** Su curiosidad no conoce fronteras. Es un apasionado de los viajes, las culturas, los saberes que provienen de todos los continentes. Sueña con una biblioteca digna de Alejandría y, de hecho, la suya ya es bastante completa. Colecciona libros, documentales, las últimas revistas de moda que ha descubierto en el aeropuerto...

✳ **Su espíritu aventurero.** Asume el papel de trotamundos del Zodiaco con una felicidad infinita. La maleta siempre lista,

22 de noviembre - 21 de diciembre

Elemento: fuego. Polaridad: yang. Estación: final del otoño.
Planeta: Júpiter. Órganos: caderas, muslos, hígado.
Colores: naranja, azul índigo. Chakra: plexo solar.
Arquetipos: la filósofa, la humanista. Misión: descubrir.

constantemente tiene uno o dos viajes en la cabeza o los está organizando. La Tierra es lo suficientemente grande para satisfacer su sed de descubrimientos y de exploración. Si no puede viajar, evade su espíritu mediante todas las formas de cultura y aprendizaje que estén a su alcance.

Sus peores defectos

✳ **Sus excesos.** Sagitario se enciende sin tener en cuenta los riesgos materiales y psíquicos. Epicúreo y vividor, el placer está en el centro de su ADN. Ni hablar de resistirse a la tentación: en la mesa, en el amor o en las compras, Sagitario se deleita al máximo. Roza la línea roja, se arrepiente y vuelve a empezar.

✳ **Su inquietud constante.** No puede estarse quieto. Su insaciable curiosidad y su espíritu emprendedor y de conquista marcan su agenda: nunca se le pasa por la cabeza rechazar una invitación. Las tareas y las citas se acumulan. Se retrasa, se olvida de avisar a un amigo de que al final no podrá quedar con él... Puede ocasionar enfados pasajeros, pero nada serio.

✳ **Su lado aleccionador.** Cultivado, a Sagitario le encanta compartir sus conocimientos aun a riesgo de hartar a su entorno y de meterse donde no le llaman. No tiene mala intención, pero no puede resistirse a dar su opinión, es un impulso irrefrenable. Como la palabra «límite» no tiene sentido para él, se vuelve realmente pesado y se convierte en «señor o señora sabelotodo».

LOS SIGNOS BIEN RECIBIDOS EN SU EQUIPO

- **Aries.** Se inspiran y se motivan mutuamente con la misma pasión por vencer y por alcanzar sus objetivos.
- **Libra.** Comparte con este signo el mismo sentido de justicia y de alteridad.
- **Acuario,** del que admira su creatividad, originalidad y capacidad de llevar sus luchas hasta el final.

LOS SIGNOS QUE LE PERTURBAN

- **Tauro,** demasiado lento, conservador y hogareño, se aburre en su compañía, aunque admira su tesón.
- **Virgo.** No tiene química con este perfeccionista lleno de dudas. No comprende su sentido de la precaución.
- **Escorpio,** que le provoca melancolía: odia encarar lo positivo y lo negativo al mismo tiempo y en igualdad de condiciones.

SU KIT DE LITOTERAPIA

- **Su piedra de nacimiento:** la turquesa, que desarrolla la creatividad, el humanismo y la elocuencia. Permite conectar con nuevas dimensiones y campos de consciencia.
- **Para potenciar sus cualidades:** la amatista, que desarrolla la plena consciencia, la empatía y la templanza.
- **Para corregir sus defectos:** la citrina, que expulsa las energías negativas y los miedos.

Su retrato de bruja

Su mayor poder

La capacidad de transmitir. Sagitario encarna la figura del educador, el arquetipo del filósofo. Su cultura y su saber son inmensos. Nada de guardarse algún conocimiento para él ni permanecer en la sombra de su biblioteca: Sagitario está en la pista, comunica, dialoga como un filósofo antiguo. ¿Su talento? Transmitir con claridad, el diálogo y la apertura de mente.

Su magia

Los círculos, los talleres en grupo. Su altruismo y su gusto por los demás son indiscutibles. La sororidad y la fraternidad son valores esenciales. Ni hablar de practicar una búsqueda interior, la espiritualidad, una enseñanza o un saber en solitario. Sagitario se mueve por la fuerza del grupo. Es perfecto para crear y animar un círculo sin importar cuál sea la motivación o la composición.

Su diosa

Abuela Araña. Es una figura central de las mitologías amerindias (hopis, navajos, cheroquis y lakotas). Adopta la forma de una araña o de una mujer muy anciana, guardiana y creadora del mundo. Su tela gigante une a todos los seres vivos de la Tierra. Simboliza el vínculo, la conexión entre las criaturas que pueblan nuestro planeta.

Su animal totémico

El alce. En la astrología amerindia, el alce es el animal totémico de las personas nacidas en «la luna de las grandes nieves», es decir, en la última luna del otoño. Encarna los dones de este animal, como el sentido de la justicia, la rectitud, la sabiduría, el optimismo y el gusto por la libertad. Un amuleto de alce ayuda a establecer y conservar la verdad y la justicia.

Su truco para conectarse con el universo

Los mandalas. Sagitario tiene un pensamiento amplio y holístico. El mandala es un motivo que le inspira. Le permite abarcar de un vistazo un pensamiento, una intención. Pero lo más importante es el efecto de reorientación y de concentración hacia el centro del mandala lo que le ayuda a canalizar su energía. Dibujado o coloreado, con cristales o flores, todas las formas de mandala serán bien recibidas.

Capricornio

"Asumo mi autoridad, mi poder y mis responsabilidades. Conecto mi sabiduría y experiencia para el bien y la protección de todos."

Su lugar en el Zodiaco

Has nacido entre el 22 de diciembre y el 19 de enero, eres Capricornio, el décimo signo de la carrera. Coge el relevo de Sagitario con calma y seguridad. Responsable, maduro, ambicioso, Capricornio es uno de los signos más tenaces y fiables del Zodiaco. Acredita la consigna «no des nunca explicaciones sobre tu conducta y nunca te quejes» de la casa real de Inglaterra. Así pues, hace lo que debe y acepta sus responsabilidades sin escatimar esfuerzos. En fase Capricornio, avanzamos con paso firme, construimos, aumentamos nuestras ambiciones. Adquirimos madurez, responsabilidad y sabiduría. Asumimos nuestras elecciones y nos empleamos a fondo para conservar y consolidar lo que hemos conseguido. Es la etapa más estable y madura de la epopeya zodiacal.

Su retrato psicológico

Sus cualidades más envidiadas

✳ **Su seriedad.** Confiar una tarea o una responsabilidad a un nativo de Capricornio es un seguro a todo riesgo. La ejecutará y llevará a cabo en los mejores términos. Riguroso, preciso y exigente, filtra y verifica hasta el más mínimo detalle. En el trabajo es un colaborador de lujo, incluso irremplazable.

✳ **Su sentido de la responsabilidad.** ¿Un golpe en su vida privada? ¿Un impulso profesional? Capricornio se ocupa de sus asuntos. Se pone su traje de jefe de operaciones: él se encarga, decide y asume sus decisiones hasta el final sean cuales sean las consecuencias. ¡Y le encanta!

✳ **Su sentido del deber.** Capricornio no rehúye las dificultades cuando los obstáculos suben de nivel. Hace suya la consigna «cueste lo que cueste» y lucha como un

22 de diciembre - 19 de enero

Elemento: tierra. **Polaridad:** yin. **Estación:** principio del invierno.
Planeta: Saturno. **Órganos:** rodillas, esqueleto, dientes.
Colores: gris antracita, negro, azul marino, marrón chocolate. **Chakra:** raíz.
Arquetipo: el viejo sabio. **Misión:** construir.

león para cumplir su misión. Nada le detiene si está seguro de que su acción es útil y forma parte de su compromiso. Asume su compromiso, aunque termine agotado física y moralmente.

Sus peores defectos

✳ **Su rigor.** En el equipo Capricornio no hay bromas. Las reglas son estrictas, el plan está grabado en mármol. Zafarse o el estilo libre no tienen cabida en su metodología. ¿La otra cara de la moneda? El error del genio y la creatividad se ven ahogados, aun a riesgo de bloquear la innovación y el movimiento.

✳ **Su frialdad.** Reservado, Capricornio es el rey del escondite en lo relativo a las emociones y los sentimientos. Un enorme cartel en el que pone «Privado» está colgado en su corazón. Sabe esconder su juego, ya que tras esta fachada ascética se esconde un ser ultrasensible al que no le gusta que le pillen en delito flagrante emocional o sentimental.

✳ **Su conservadurismo.** Capricornio encarna el punto de estabilidad y de anclaje del Zodiaco. Su misión es conservar lo adquirido, consolidar lo que existe y protegerlo. Le cuesta desprenderse de las ataduras y las normas.

LOS SIGNOS BIEN RECIBIDOS EN SU EQUIPO

• **Tauro** por su capacidad para tomarse su tiempo y devolver un trabajo perfecto o construir una relación a largo plazo.

• **Virgo** por su perfeccionismo y sus competencias de alto nivel.

• **Sagitario,** que potencia su moral y aporta el toque humanista y sexi que le falta.

LOS SIGNOS QUE LE PERTURBAN

• **Géminis.** Su versatilidad e imprevisibilidad le ponen los pelos de punta, pero su vivacidad de espíritu siempre le impresiona.

• **Cáncer.** Su sensibilidad a flor de piel le deja sin voz. Le enternece y le conmueve.

• **Libra.** Su falta de coherencia y sus dudas estropean sus relaciones, pero le fascinan sus talentos de mediadora.

SU KIT DE LITOTERAPIA

• **Su piedra de nacimiento:** el ónix, que favorece la estabilidad y el sentido de la realidad y la responsabilidad. Refuerza la confianza en el futuro.

• **Para potenciar sus cualidades:** la calcedonia, que nutre la reflexión y estabiliza la vida amorosa. Facilita las relaciones al alejar el estrés y la inquietud.

• **Para corregir sus defectos:** la selenita, que despliega un escudo protector y libera la expresión de las emociones.

Su retrato de bruja

Su mayor poder

La concentración. Capricornio es capaz en todo momento de desconectar del mundo exterior para meterse en su burbuja. Esta capacidad de concentración le permite conseguir una forma de pureza y de perfección absoluta cuando medita, trabaja o entra en contacto con alguien en quien tiene total confianza.

Su magia

Los elixires. La búsqueda de pureza de Capricornio se expresa al máximo cuando realiza elixires a base de cristales o de flores. Este término latino proviene del árabe ibérico medieval *al isky,* que significa 'piedra filosofal', un guiño a la alquimia, una de las artes esotéricas más compatibles con el espíritu de Capricornio. El elixir expresa la quintaesencia de algo, su principio más puro, lo que entra en consonancia con la misión del signo: alcanzar la perfección de la materia.

Su diosa

Atenea. Admira a Atenea, la diosa de la sabiduría, de la estrategia militar y de la artesanía. Su nacimiento dice mucho de sus vínculos con Capricornio. Zeus, su padre, se come a Metis, su madre (diosa de la inteligencia y de la prudencia). Atenea vino al mundo saliendo de la cabeza de su padre. Un nacimiento atípico pero pleno de sentido cuando sabemos que Capricornio simboliza al padre en el Zodiaco. Lo mental, la racionalidad y la estrategia se encarnan en esta diosa virgen completamente dedicada a la protección de su ciudad, Atenas. ¡Muy Capricornio!

Su animal totémico

La oca de la nieve. En la astrología amerindia, la oca de la nieve es el animal totémico de las personas nacidas en la «luna de la renovación de la Tierra», es decir, la primera luna del invierno. Encarna los dones de esta ave majestuosa, como la ambición, la franqueza y la disciplina. Un amuleto de este animal sirve para trabajar la paciencia y la sangre fría gracias a la sabiduría y la razón.

Su truco para conectar con el universo

La meditación. Capricornio es el signo de la purificación. Nada de ceremonias; le basta con un espacio tranquilo, un cojín y silencio. La meditación revela sus talentos. Tiene profundas afinidades con la práctica de retiros o de recogimiento en general. La soledad, el silencio y la inmovilidad no le asustan. Meditación de plena consciencia, chakras o mantras, Capricornio adapta su práctica en función de sus necesidades.

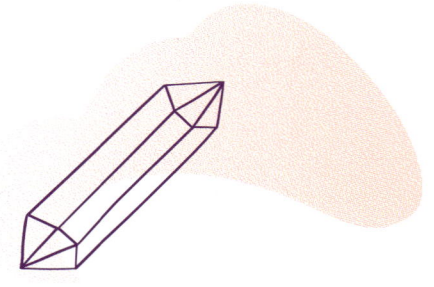

Acuario

"Expreso mi independencia, mi libertad de pensamiento y de acción. Permito que surjan ideas y cambios con total confianza. Asumo riesgos y sigo mi intuición."

Su lugar en el Zodiaco

Has nacido entre el 20 de enero y el 18 de febrero, eres Acuario, el decimoprimer signo que se lanza a la carrera. Acuario coge el relevo de Capricornio y se deshace de él muy pronto. Agradece a su predecesor su trabajo y después se apresura a cambiarlo todo. ¿Su objetivo? Romper los códigos. Último signo de aire en la pista zodiacal, Acuario es el más mental y conectado con el futuro. Le da la vuelta a la tortilla y reescribe las reglas para vivir en comunidad. Solidario y fraternal, lucha por la diversidad, la igualdad, los derechos y la libertad. En fase Acuario, nos liberamos del pasado, de los antiguos esquemas de pensamiento, de los problemas y los límites. Armados con nuestra independencia, cultivamos la autonomía y protegemos la libertad propia y la de los demás. Nos comprometemos, militamos, creamos, inventamos un nuevo mundo.

Su retrato psicológico

Sus cualidades más envidiadas

✴ **Su creatividad.** Capta la energía del momento y las débiles señales que llegan del futuro. Su creatividad no es artística, sino conceptual. Allana el camino al porvenir mezclando un toque de intuición, algunas ideas geniales y la audacia de creer en ellas.

✴ **Su compromiso social.** Acuario lleva la preocupación por lo colectivo tatuada en su piel. Piensa en el conjunto, el círculo, la red, en la familia de ideas. ¿Su objetivo? Reinventar los códigos sociales hacia un mayor grado de libertad. Se esfuerza en defender a sus compañeros, una asociación solidaria, etc. Acuario siempre tiene una lucha entre manos.

✴ **Su independencia.** Es la línea roja que no franqueará jamás. Contrario al principio

20 de enero - 18 de febrero

Elemento: aire. **Polaridad:** yang. **Estación:** centro del invierno.
Planetas: Urano y Saturno. **Órganos:** tobillos, piernas.
Colores: azul eléctrico, tonos neón. **Chakra:** tercer ojo.
Arquetipos: la rebelde, el genio. **Misión:** innovar.

de autoridad y las restricciones, Acuario es un alma libre. Busca la emancipación propia y la de los demás. Es un librepensador. Ejerce presión en todos los ámbitos. No vale la pena siquiera intentarlo: nunca se consigue romper la independencia del espíritu de Acuario.

Sus peores defectos

✳ **Su extremismo.** Precisamente porque tiene las ideas muy claras y un aprecio desmedido por la libertad y la independencia, a veces tropieza. Preparado para lo que sea con tal de defender la causa que considera importante, traspasa la línea roja de los modales. Llevado por la pasión y la íntima convicción, llega hasta el final de todas sus luchas.

✳ **Su indiferencia.** Mientras más a gusto se siente en la esfera social, más huidizo se muestra en su vida afectiva. Tiene verdadero pánico a perder su autonomía. Como resultado, retrasa todo lo posible el momento en el que tendría que desplegar sus sentimientos. Su miedo se confunde con la indiferencia, pero es más complicado de lo que parece.

✳ **Su lado marginal.** Se mantiene siempre en sus trece, no hace ninguna concesión, aun a riesgo de verse apartado. Acepta ser el patito feo del grupo, el que tiene unas ideas tan avanzadas que nadie entiende. Pero, ¡cuidado!, como rechaza todo lo que le lleva la contraria se queda aislado y encerrado en su burbuja de convicción.

LOS SIGNOS BIEN RECIBIDOS EN SU EQUIPO

• **Aries** por su lado guerrero, su valentía y su pasión de ganar. Juntos forman un equipo temible.

• **Géminis** por su cultura, su viveza de espíritu y sus dones de orador y de polemista.

• **Sagitario,** cuyo optimismo aprecia, así como su entusiasmo y su capacidad parara llegar al consenso.

LOS SIGNOS QUE LE PERTURBAN

• **Tauro,** demasiado lento, conservador y anclado a lo real. Es eficaz, pero le falta audacia.

• **Cáncer,** excesivamente sensible y cambiante; le pide la luna, pero no se la puede dar.

• **Capricornio.** Juntos podrían recrear la batalla entre los Antiguos y los Modernos. La desconfianza está servida.

SU KIT DE LITOTERAPIA

• **Su piedra de nacimiento:** lapislázuli, que desarrolla la objetividad, la clarividencia y la autonomía.

• **Para potenciar sus cualidades:** la turquesa, que desarrolla la intuición y la creatividad y suaviza las comunicaciones.

• **Para corregir sus defectos:** la coralina, que serena la hiperactividad mental y reconecta con la Tierra y con las raíces.

Su retrato de bruja

Su mayor poder

Imaginar el futuro. Sin llegar a ser médium o clarividente, Acuario capta las energías del futuro. Tiene olfato y activa sus neuronas y sus redes de conocimiento para reunir el máximo de información. ¿Su talento? Detectar mediante sensaciones la información que pasa por su radar. Después, utiliza toda su capacidad mental de acero y una inteligencia muy fina para imaginar el futuro y sus innovaciones.

Su magia

La visualización positiva. Practica esta técnica en forma de tablero de visualización o de meditación. Para el tablero, reúne imágenes, documentos, citas o materiales que encarnen una idea, un concepto o un proyecto y luego dispone todo ese material sobre un soporte físico o digital para observarlo a menudo e inspirarse; otra opción es la meditación. Desarrolla la película de un acontecimiento en su cabeza y después elabora el final feliz que elija.

Su diosa

Galadriel, la reina de los elfos. Acuario se identifica con Galadriel, la gran sacerdotisa de los elfos, ese ser sobrenatural de la mitología contemporánea de J. R. R. Tolkien y su obra de culto, *El señor de los anillos.* Atraviesa las diferentes edades de la Tierra Media con un único objetivo: luchar contra las tinieblas y defender la independencia de su territorio. Protege la libertad y los talentos de todos los pueblos de la Tierra Media.

Su animal totémico

La nutria. En la astrología amerindia, la nutria es el animal totémico de las personas nacidas en «la luna del descanso y de la purificación», es decir, la segunda luna del invierno. Acuario encarna los dones de este animal, como la creatividad, la alegría, la curiosidad, la inventiva y el humanismo. Un amuleto de nutria reinventa el mundo y aleja el pasado gracias a su gusto por el juego, su olfato y su audacia.

Su truco para conectarse con el universo

La flor de vida. Se trata de una figura geométrica compuesta por una yuxtaposición de varios círculos iguales unidos de centro a centro. Se utiliza como un vehículo para acceder a la visión de conjunto. Acuario la elige como soporte de conexión y de meditación, ya que es el signo capaz de unir la humanidad y el universo. Utiliza este símbolo que nos une a todos, desde el ámbito celular hasta el cósmico, para meditar o como herramienta de creatividad.

Piscis

"Creo en la vida, en el amor y en la fraternidad de todos los seres vivos de este planeta y del más allá. Escucho mi voz interior, transmito los mensajes enviados por el universo."

Su lugar en el Zodiaco

Has nacido entre el 19 de febrero y el 20 de marzo, eres Piscis, el último signo que se lanza a la pista. Piscis cierra el año zodiacal, enriquecido por todas las experiencias anteriores. Asimila el conjunto de los conocimientos adquiridos por los otros signos. Funciona como una esponja emocional y reúne toda la energía del ciclo, tanto lo bueno como lo malo. Se encargará de limpiar los restos tóxicos para quedarse solo con lo bueno. Su sabiduría es cósmica y supera a la de Capricornio, mucho más pragmática y concreta. ¿Su objetivo? Abrir nuestra humanidad y nuestra consciencia a campos superiores de amor y de conocimiento. En fase Piscis, descubrimos el amor incondicional, la empatía, la compasión. El cuidado y el perdón. Cultivamos la fe en la vida, en el amor. Abrimos el corazón, el alma y el espíritu. Nos dejamos llevar para acoger.

Su retrato psicológico

Sus cualidades más envidiadas

✳ **Su empatía.** Piscis capta el aura emocional de sus interlocutores. Abre la puerta primero para desarrollar más tarde una empatía total. Siempre está disponible para acoger las confidencias, los estados anímicos de sus seres cercanos y acompañarlos lo mejor que sabe.

✳ **Su imaginación.** Ilimitada, original, próspera: la imaginación de Piscis es difícil de calificar. Sin importar el formato que elija, artístico, humano, profesional o afectivo, Piscis no tiene límites creativos. Aspira la tendencia del momento para transmitirla enseguida. Es un excelente cazador de tendencias.

✳ **Su hipersensibilidad.** Hubo un tiempo en el que esta cualidad hubiera estado en la lista de defectos. Pero el mundo cambia y

19 de febrero - 20 de marzo

Elemento: agua. Polaridad: yin. Estación: final del invierno.
Planetas: Neptuno y Venus. Órganos: pies, glándula pineal.
Color: violeta. Chakra: corona.
Arquetipos: la artista, el mago, el curandero. Misión: creer.

los hipersensibles son, por fin, reconocidos como seres con mucho talento. Este don para conectar con su sensibilidad permite a Piscis desplegar sus facetas más bonitas, como la compasión, la empatía y la capacidad de dar amor sin medida.

Sus peores defectos

☀ **Su lado escurridizo.** ¿Un cliché? Ni mucho menos. Piscis se nos escapa entre los dedos, esconde la cabeza como un avestruz y le da a la tecla «escape» cuando le conviene. Pero es imposible enfadarse con él. Es él mismo encerrado en su propia trampa. No ve la necesidad de posicionarse. Piscis no pone ningún límite y todo es importante al mismo tiempo. ¡Un dilema inmenso para su entorno!

☀ **Su ingenuidad.** Piscis se encuentra desarmado ante la trampa o la malicia. Influenciable, se deja embaucar con facilidad. Unas cuantas palabras amables, una postura trágica bien interpretada y cae en la trampa; lo da todo sin desconfiar, o bien se toma al pie de la letra lo que le digan.

☀ **Su lado locuelo.** Original, disparatado, Piscis cae a menudo en el anzuelo de gurús poco recomendables. Sus protecciones son débiles y pierde rápidamente el contacto con la realidad. Este lado travieso resulta encantador, pero sus amigos tienen que estar vigilantes y ponerle los pies en el suelo cuando es necesario.

LOS SIGNOS BIEN RECIBIDOS EN SU EQUIPO

- **Cáncer.** Con este signo Piscis forma el equipo más soñador y creativo del Zodiaco.
- **Libra por su elegancia,** sus gustos por las cosas bellas, su tacto y su delicadeza humana y relacional.
- **Escorpio.** La atracción es inmediata y se fusionan con pasión. Sin ninguna duda, el dúo más sensual del Zodiaco.

LOS SIGNOS QUE LE PERTURBAN

- **Leo.** Uno afirma alto y fuerte su personalidad, al otro le da igual. La comunicación es complicada.
- **Capricornio.** Demasiado frío, distante, Capricornio paraliza a Piscis. Cuando rompen el hielo, resulta bastante tranquilizador.
- **Acuario.** Comparten la misma creatividad y originalidad, pero en planos completamente diferentes. Se ignoran.

SU KIT DE LITOTERAPIA

- **Su piedra de nacimiento:** la amatista, que desarrolla la espiritualidad, la intuición y la templanza.
- **Para potenciar sus cualidades:** el zafiro, que favorece la elevación espiritual, conecta con las esferas celestes y favorece la intuición y las percepciones extrasensoriales.
- **Para corregir sus defectos:** la turmalina, que limpia las energías tóxicas y acompaña las fases de renovación y apertura.

Su retrato de bruja

Su mayor poder

La mediumnidad. Sus antenas son poderosas, abiertas casi de manera permanente, Visión, mensaje auditivo, sensación física, percepción sutil, Piscis está inundado de informaciones y de imágenes que no siempre entiende. Los nativos de este signo son a veces médiums desconocidos. Esta clarividencia innata y accesible se transforma en rutina. Quienes sí son conscientes de este don tendrán que canalizarlo para protegerse si es necesario.

Su magia

Los oráculos. La imagen es uno de los formatos favoritos de Piscis, que le permite una libertad de interpretación total. Su imaginación y su intuición se activan de inmediato para ofrecer un mensaje, una interpretación sutil y siempre muy inspirada. El mundo de los símbolos y de los arquetipos le resulta familiar. Tarot tradicional, oráculos de todo tipo, Piscis siempre está abierto a todas las versiones y posibilidades.

Su diosa

Guan Yin. Admira a todas las diosas del perdón y del amor incondicional, pero tiene debilidad por Guan Yin, una divinidad china cuya historia revela las cualidades más bellas de Piscis. La leyenda cuenta que esta joven mortal fue víctima de abusos y asesinada por su padre y dejó el mundo de los espíritus para volver a la Tierra a aliviar el sufrimiento. Se valía de su historia dolorosa para enseñar a los hombres el arte del perdón y la benevolencia.

Su animal totémico

El lobo. En la astrología amerindia, el lobo es el animal totémico de las personas nacidas en «la luna de los grandes vientos», es decir, la última luna del invierno. Piscis encarna los dones de este animal, como la compasión, la ternura, la imaginación y el altruismo. Un amuleto de lobo permite desarrollar el instinto y la intuición gracias a su poderoso sexto sentido.

Su truco para conectar con el universo

El arte. Con o sin técnica, se lanza sin complejos y se atreve a crear y a aportar su toque personal, como es el caso de su sensibilidad. Dicho esto, hay ámbitos donde Piscis hace gala de una inmensa capacidad para conectar con lo que le es superior y así producir obras excepcionales, sobre todo en poesía, música y fotografía.

Hazle un favor al universo: no escondas tus poderes.

El oráculo

Las cartas como instrumento de orientación

Leer las cartas forma parte de las actividades favoritas de la bruja. Al contrario que el tarot de Marsella, más difícil de aprender para una neófita, los oráculos se presentan como juegos de cartas con símbolos diferentes y con tiradas sencillas para responder a nuestras preguntas interiores...

Instrucciones de uso

¿En qué casos hay que preguntar al oráculo?

Podemos hacerlo por la mañana, para tomarle el pulso al día que vendrá. También podemos preguntar a las cartas cuando tenemos que tomar una decisión en nuestra vida profesional o si le estamos dando vueltas a alguna pregunta más personal. Hay que tener en mente que la respuesta está en nosotras y que las cartas pueden permitirnos que la veamos de forma más clara...

¿Cómo funciona?

Un oráculo se presenta como un juego de cartas: el que acompaña este libro está compuesto de deidades y brujas antiguas y modernas que comparten su filosofía y sus enseñanzas.

Para preguntar al oráculo, basta con proponer una pregunta y lanzar las cartas. No hay que trabajar el sentido de las cartas una a una: la personalidad que revelan y la frase que transmiten activarán nuestro inconsciente, nuestra intuición, y nos permitirá encontrar las respuestas en nosotras.

La tirada

Podemos tirar las cartas de dos maneras:

La copa. Una vez que hemos mezclado bien todas las cartas, cortamos la baraja en dos y volvemos a unir los mazos. Luego tiramos el número necesario de cartas situadas en la parte superior de la baraja, una después de la otra.

El abanico. Extendemos las cartas ante nosotras y elegimos las que nos atraen sin pensarlo.

¿Cómo disponer las cartas?

✳ **La pregunta del día**

Una de las tiradas más simples y directas. Cada mañana, o cuando sintamos la necesidad, tiraremos una carta para visualizar la energía o el beneficio del día.

✳ **Tirada rápida de tres cartas**

Sacamos tres cartas y las colocamos delante de nosotros. La posición de cada carta tiene un significado. Hay muchas formulaciones posibles. Elegiremos la que más convenga a nuestra pregunta:

PASADO	PRESENTE	FUTURO

O

YO	TÚ	NOSOTROS

O

FUERZA	DEBILIDAD	CONSEJO

O

VENTAJA	INCONVENIENTE	SOLUCIÓN

5 consejos para formular nuestra pregunta

1
Me implico totalmente en la pregunta.

2
Elijo bien las palabras.

3
Hago una pregunta clara y realista que requiere una verdadera respuesta.

4
Hago una pregunta abierta.

5
Formulo mi pregunta en presente.

Antes de efectuar la tirada, es aconsejable estar en buenas condiciones: lo ideal es situarse en la calma, en un espacio en el que nos sintamos bien. Podemos hacerlo ante nuestro altar (*véase* página 176).

Ejemplos de preguntas:
«¿Cómo puedo obtener lo que deseo?».
«¿Esta relación es buena para mí?».
«¿Cómo voy a afrontar el día que me espera?».

El oráculo de las Poderosas

Al final de este libro de hechizos se encuentra la baraja completa del oráculo de las Poderosas. Entre ellas, hay figuras divinas y mitológicas, mujeres fuertes que han marcado la historia y heroínas modernas con enseñanzas inspiradoras.

Las figuras divinas y mitológicas

Brigid

Triple diosa del fuego, de la creatividad y de la fertilidad, Brigid es la gran figura femenina de la mitología celta. Su poder y su imaginario están íntimamente ligados a la naturaleza, a sus criaturas y a las estaciones. Está conectada a todos los grandes ciclos naturales. Su símbolo, la espiral, nos recuerda la rueda infinita de lo vivo.

Circe

Hija de Helios, el dios Sol, y de la oceánide Perseis, Circe es una diosa, pero es más conocida por su faceta de maga, experta en metamorfosis. Los compañeros de Ulises cayeron en su trampa y fueron transformados en cerdos. El héroe griego escapó de la magia de Circe, pero no a su encanto ni a su amor.

Abuela Araña

Presente en numerosas tradiciones orales amerindias (de los navajos, hopis, cheroquis, lakotas), Abuela Araña es un ser sobrenatural que se representa, bien con forma de araña, bien con forma de mujer anciana. Teje una tela que simboliza la conexión entre todos los seres que viven en la tierra. Frágil y poderosa al mismo tiempo, mantiene este vínculo inquebrantable.

Guan Yin

Diferentes leyendas en torno a la bodhisattva Guan Yin recorren Asia, pero todas se encuentran en el mismo punto: su inmensa misericordia y su compasión. Asesinada por su padre porque no quería casarse, dejó el mundo de los espíritus para volver a la tierra y ayudar a la humanidad que sufre. Encarna una pura energía de perdón.

Hipólita

Reina de las amazonas, guerreras intrépidas e independientes, Hipólita es la desdichada protagonista del noveno de los 12 trabajos de Hércules, quien tuvo que recuperar su zoster, el cinturón que su padre, Ares, le había regalado. Seducida por el héroe, Hipólita se lo regaló. Un rumor malicioso dio lugar más tarde a un combate en el que perdió la vida.

Isis

Divinidad egipcia de la magia, la resurrección, de la vida y la muerte, Isis es la madre de todas las diosas magas. Hermana y esposa de Osiris, peleó para encontrar a su marido, asesinado por su hermano Seth, y cuando encontró su cuerpo pudo engendrar con él a un nuevo dios, Horus. Encarna la fuerza de vida de lo femenino.

Kali

Diosa de la destrucción, de la creación, de la violencia, del poder y del tiempo, Kali es una divinidad hindú tan temida como venerada. Su aspecto físico y sus atributos son aterradores, ya que está encargada de destruir lo que no ha de existir.

Perséfone

Arquetipo de la joven en la mitología griega, Perséfone fue raptada por Hades, el dios del mundo subterráneo. Aterrada por la desaparición de su hija, Deméter, la diosa de la agricultura, dejó de nutrir a la tierra. Ante la magnitud del desastre, Zeus obligó a Hades a devolver a Perséfone unos meses al año y entonces Deméter permitió que volvieran a crecer las flores y las cosechas. Simboliza los misterios de la vida.

Sarasvati

Diosa hindú del conocimiento, de las artes, Sarasvati encarna el Vach, el verbo original y creador del mundo. Sentada sobre una flor de loto, acompañada por un cisne blanco o un pavo real, una vina (instrumento musical indio) en una mano, un libro en la otra, representa el saber, la belleza y la sabiduría.

Virgen María

La figura de la Virgen María va más allá del culto cristiano, porque es la heredera cristianizada de las diosas madres, encarnaciones divinas del amor maternal, de la compasión, de la curación y de los milagros. Toma el relevo de un largo linaje de divinidades cuya misión es acompañar a la humanidad con amor y benevolencia.

"La magia solo funciona si estás dispuesto a dejarte llevar por ella."

J. R. R. TOLKIEN

Mujeres con historia

Maya Angelou

Poeta, escritora, actriz y militante afroamericana, es una figura imprescindible del movimiento por los derechos civiles. Tuvo influencia sobre muchas personalidades negras, sobre todo, en Oprah Winfrey, que se refiere a Angelou en numerosas ocasiones. Publicó siete autobiografías, la última de las cuales, *Mom & Me & Mom*, publicada en 2013, cuenta la relación con su madre (las otras seis narran un periodo concreto de su vida). Falleció en 2014 tras una larga enfermedad a la edad de 86 años.

Juana de Arco

Nacida en 1412 en Lorena, una Juana de Arco de 12 años aseguró haber escuchado unas voces que le pidieron que llevara al delfín de Francia al trono y liberar el país de los ingleses. Juana se presentó en Chinon ante el futuro Carlos VII, que le confió un ejército con el que la joven combatió y logró que el rey fuera coronado. Después, unos nobles aliados de los ingleses la detuvieron y se la sometió a juicio por hereje. Fue quemada viva por herejía en 1431. Rehabilitada 25 años después, finalmente fue canonizada en 1920 por Benito XV.

Joséphine Baker

Nacida en 1906 en el estado de Misuri, donde las heridas de la esclavitud no habían cicatrizado, esta bailarina y cantante afroamericana encontró la gloria en el París de los locos años veinte. ¡Había nacido una estrella! Muy querida en su país de adopción, en 1937 obtuvo la nacionalidad francesa. Pero además de artista esta luchadora estuvo comprometida con la Resistencia durante la Segunda Guerra Mundial.

Hildegarda de Bingen

Cumple todas las características de una mujer excepcional. Esta benedictina alemana desempeñó innumerables papeles que parecían reservados para los hombres. Música, médica, curandera y naturalista, fue autora de tres obras mayores en su época sobre ciencia, filosofía y medicina. Hoy en día continúa inspirando en nuestra época por su música y sus conocimientos en herboristería.

Cleopatra

Gran estrella pop del mundo antiguo, Cleopatra no tuvo que esperar a las grandes producciones hollywoodenses para conocer la fama. Ya era todo un icono en su época. Amante del gran César, compañera sentimental de Marco Antonio, cayó con su amante, pero quiso procurarse una muerte valiente a la altura de una reina como ella que la hizo entrar definitivamente en la leyenda.

Lady Di

Diana Spencer fue la esposa del príncipe de Gales y madre de los dos hijos del que luego fue rey Carlos III de Inglaterra. Personalidad compleja, muchos británicos la adoraban por su cercanía, que a menudo la llevaba a romper el protocolo y saltarse las costumbres más tradicionales de la realeza. Tras su separación, sufrió un constante acoso mediático. Encontró la muerte en un accidente de automóvil en París en 1997 mientras huía con su amante de los periodistas. Aquel trágico final contribuyó a perpetuar su leyenda.

Olympe de Gouges

Se la considera una de las primeras feministas francesas. Se quedó viuda muy pronto con un hijo pequeño a su cargo. En París escribió sus primeros textos contra la esclavitud y la pena de muerte. Su obra más famosa es su *Declaración de los derechos de la mujer y de la ciudadana*, escrita en 1791 como respuesta a la *Declaración de los derechos del hombre y del ciudadano* de 1789. En esta obra defiende la igualdad de sexos y la emancipación femenina necesaria para un nuevo proyecto de democracia.

Gisèle Halimi

Fue una abogada y militante feminista franco-tunecina. De familia humilde, judía y dominada por el orden patriarcal, Gisèle se instaló en París para estudiar Derecho. Halimi se distinguió por su compromiso con la causa de las mujeres: fue la única abogada que firmó el Manifiesto de las 343, un documento firmado por mujeres que admitían haber abortado, y en 1972 ganó un proceso en la localidad de Bobigny en 1972, en el que defendió a Marie-Claire Chevalier, que había abortado tras haber sido víctima de violación. Aquel proceso abrió el camino a la legalización del aborto en Francia.

Rosa Parks

El 1 de diciembre de 1955, en Montgomery, Alabama, Rosa Parks se negó a ceder su asiento del autobús a un blanco, como prescribían las normas entonces vigentes. Arrestada por la policía, tuvo que pagar una multa de 15 dólares. En respuesta a aquella situación injusta, Martin Luther King, Jr., entonces un joven pastor negro de 26 años, llamó a la población afroamericana a boicotear a la compañía de autobuses, que finalmente tuvo que ceder y suprimir la segregación racial en sus vehículos. El movimiento por los derechos civiles había empezado.

Charlotte Perriand

Nacida en París en 1903, se tituló en Artes Decorativas en 1925 y formó parte, como asociada encargada del mobiliario y el equipamiento, de la agencia de Pierre Jeanneret y Le Corbusier: una enorme victoria en un ámbito masculinizado. El hecho de que los dos hombres se apropiaran a menudo de su trabajo no impidió que Charlotte se convirtiera en una de las figuras más importantes del diseño y de la arquitectura moderna, preconizando una creación modernista y funcional.

Niki de Saint Phalle

Artista plástica, pintora y escultora, se dio a conocer al gran público en 1961 gracias a *Tirs*, una instalación que materializa un trauma de infancia (un padre incestuoso) y que le permitió exteriorizar sus demonios interiores. Exploró la representación artística del papel de la mujer y de esta forma dio vida a sus *Nanas*, mujeres a tamaño real, exuberantes y coloreadas, en papel maché. Niki murió en 2002 como consecuencia de una enfermedad respiratoria vinculada a los vapores tóxicos inhalados durante la creación de sus obras.

Simone Veil

Su biografía pasó de la pesadilla al mismísimo Panteón de París, donde Francia entierra a las personalidades más ilustres. Deportada a Auschwitz a los 16 años, sobrevivió al Holocausto antes de convertirse en magistrada, alta funcionaria y ministra. El 17 de enero de 1975 defendió la ley a favor de la interrupción voluntaria del embarazo (IVG) en Francia, por lo que debió soportar insultos sexistas y reaccionarios. Todo un icono del feminismo francés que llegó a ser la primera presidenta del Parlamento europeo.

Virginia Woolf

Fue una de las grandes escritoras del siglo xx cuya creación se liberó de los códigos tradicionales de la novela y en la que denunció las desigualdades a las que las mujeres tenían que enfrentarse. Apasionada de los libros, defendió el poder de la lectura para elevar el espíritu e inventar el mundo del futuro.

Mujeres contemporáneas

Jacinda Ardern

Primera ministra de Nueva Zelanda (2017-2023), Ardern se convirtió en uno de los personajes políticos más influyentes del mundo gracias a su firmeza y empatía, cualidades de las que se valió para gestionar sucesivas crisis: los atentados de Christchurch de 2019, la erupción del volcán White Island aquel mismo año y la posterior pandemia de COVID. Además, optó por la diversidad en la conformación de su gobierno y nombró ministra de Asuntos Exteriores a una mujer maorí.

Beyoncé

Cantante de R&B y de soul, compositora, productora y actriz americana, Beyoncé se hizo famosa con el grupo Destiny's Child, que vendió millones de copias de sus álbumes en todo el mundo, y actualmente sigue brillando en solitario. Ha marcado a toda una generación con sus canciones de culto, como *Who Run The World? (Girls)*, que muestran su lado feminista mientras exhibe su vida de supermamá con sus tres hijos. Por algo la llaman «Queen B».

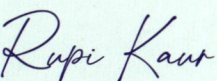

Rupi Kaur

Nacida en India en 1992, Rupi Kaur emigró a Canadá con su familia cuando tenía cuatro años. Comenzó su carrera de poeta en Instagram y Tumblr, donde comparte sus textos en homenaje a su cultura de origen. Sus textos están escritos en minúsculas, sin signos de puntuación, salvo el punto.

Chimamanda Ngozi Adichie

Escritora nigeriana y militante feminista, a los 19 años Chimamanda marchó a Estados Unidos para cursar sus estudios universitarios. Su primera novela, *La flor púrpura*, fue alabada por la crítica y proclamada Mejor Primer Libro del Commonwealth Writers' Prize en 2005. Intervino en la canción *Flawless* del quinto álbum de Beyoncé, en la que se escucha una parte de su discurso *Todos deberíamos ser feministas*, pronunciado en una conferencia TEDx en 2012.

Michelle Obama

Nacida en una familia de clase media afroamericana de Michigan, Michelle Robinson-Obama estudió en Princeton y se licenció en Derecho por la Universidad de Harvard. Mientras trabajaba como abogada conoció a un joven Barack Obama, con el que se casó y con el que entró en la historia el 4 de noviembre de 2008 como los primeros inquilinos afroamericanos de la Casa Blanca. Comprometida y mediática, Michelle pone su fama al servicio de numerosas causas sociales, como el empoderamiento femenino.

Alexandria Ocasio-Cortez

Nacida en 1989, Alexandria Ocasio-Cortez (AOC) se licenció en Relaciones Internacionales y Economía por la Universidad de Boston. Después de obtener su título tuvo que trabajar durante cuatro años como camarera para ayudar económicamente a su madre. Cuando Donald Trump entró en la Casa Blanca fue cuando Alexandria se comprometió realmente con la política. En 2018 fue elegida para el Congreso estadounidense. Sus vídeos de denuncia social y contra el sexismo cultural suelen ser virales.

Vandana Shiva

Con un máster en Física de Partículas y un doctorado sobre los fundamentos de la Física Cuántica, Vandana Shiva ha elegido encaminar sus esfuerzos hacia el compromiso político. Cabeza visible de ecologistas y altermundistas, defiende la agricultura tradicional y bio. Forma parte de las primeras mujeres ecofeministas que pusieron el foco en los vínculos indisociables existentes entre la dominación de las mujeres y la de la naturaleza, entre el capitalismo ecocida y el patriarcado. En 1993 recibió el Premio Nobel alternativo.

Greta Thunberg

Greta Thunberg nació en 2003 en Estocolmo. Militante ecologista, encabeza a la juventud europea comprometida en la lucha contra el cambio climático y en el año 2008 apeló a una huelga mundial por el clima. Algunos de sus discursos se han hecho famosos: «Me habéis robado mis sueños y mi infancia con vuestras palabras vacías». Es inspiradora del movimiento ecologista mundial.

Malala Yousafzai

Nacida en Paquistán en 1997, Malala lanzó su blog cuando tenía 11 años para denunciar la destrucción de escuelas para niñas. Cinco años y un intento de asesinato más tarde, esta superviviente milagrosa se convirtió en la laureada más joven del Premio Nobel de la Paz en 2014, cuando tenía 17 años. ¡Ah!, y su nombre significa 'valentía'. Azares del destino.

"LA MAGIA consiste en creer en uno mismo. Si puedes hacer eso, puedes hacer cualquier cosa. **"**

GOETHE

La mujer oculta en la Luna

Los ciclos lunares

Desde la noche de los tiempos, el primer
satélite de la Tierra está estrechamente
vinculado con la feminidad.
Entre mitos fundadores y creencias
populares, la Luna siempre conserva una
parte de misterio que hemos asociado con
facilidad a las brujas. Actualmente, cuando la
mujer busca más que nunca definirse y
encontrar su lugar en la sociedad, la Luna
puede revelarse como una preciada aliada,
ya sea en el plano fisiológico y psicológico
como en el político.

La dualidad de los orígenes

La Luna siempre ha sido identificada por nuestros ancestros con una relación de complementariedad y de oposición con el Sol, polo masculino y fijo. En todas las grandes civilizaciones, la Luna representa el polo femenino, cuyo brillo ilumina la oscuridad nocturna y cuyos cambios permiten medir el tiempo. Su etimología lo atestigua, ya que la palabra «luna» significa 'brillo', mientras que *mensis,* el otro nombre que la Luna recibe en indoeuropeo, hace referencia a la noción de 'mes', que podemos ver en el inglés *moon.*

Fertilidad y poder

Chandra para los hindúes, Mama Quilla para los incas o Artemisa para los griegos... Las diosas lunares también son las de la feminidad y la fertilidad en un sistema vida-muerte que se vincula al ciclo de la tierra, con los vegetales que crecen, las mareas que suben y bajan y también al de las mujeres, cuyo ciclo menstrual tiene una duración de unos 28 días, similar al ciclo lunar, que es más o menos 29 días.

Así como los agricultores aprendieron a confiar en las fases de la luna para cultivar sus campos, las mujeres han podido observar que las diferentes fases de su ciclo corresponden a momentos distintos de feminidad, encarnados por las fases de la luna. Esto puede comprobarse en la tradición griega con tres representaciones lunares femeninas diferentes: Artemisa para la luna creciente, Selene para la luna llena y Hécate para la luna nueva.

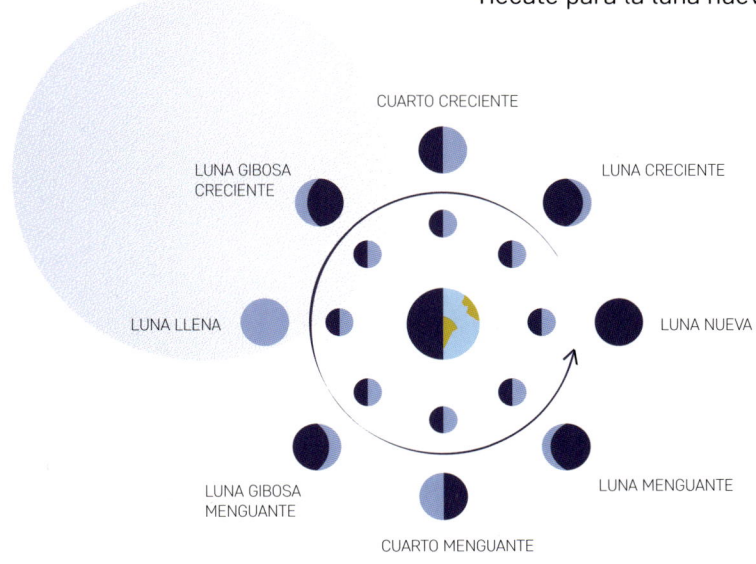

CUARTO CRECIENTE

LUNA GIBOSA CRECIENTE

LUNA CRECIENTE

LUNA LLENA

LUNA NUEVA

LUNA GIBOSA MENGUANTE

LUNA MENGUANTE

CUARTO MENGUANTE

Una vieja historia de lunas

La palabra «menstruación» procede del latín *mensis,* que significa 'mes', y este término viene a su vez del griego *men,* 'mes' y 'luna'. Tradicionalmente los amerindios desarrollaron una rica cultura en torno a la Luna fundamentada en la observación de la sincronización de los ciclos de un grupo de mujeres de una misma tribu que se correspondían con las fases lunares: todas menstruaban en el momento de la luna nueva y ovulaban en luna llena, o a la inversa. Esta cultura asociaba igualmente cada ciclo menstrual o lunar con las estaciones y disponía de rituales adaptados para cada una de ellas.

Actualmente, nuestra vida del siglo xxi se encuentra sometida a la luz artificial (electricidad, pantallas), lo que unido a ciertos tratamientos hormonales, como la píldora, nos conduce a desconectarnos de la armonía natural que existe entre las mujeres y las fases lunares. Sin embargo, si nos tomáramos el tiempo necesario para mirar a la luna mientras simultáneamente nos estudiamos a nosotras mismas, obtendríamos enormes beneficios… La bruja moderna pionera de estas observaciones es la inglesa Miranda Gray, que en su exitoso libro *Luna Roja* subraya el poderoso vínculo existente entre el ciclo femenino y el lunar de modo que aprovechemos sus fases para optimizar sus energías y vivir la feminidad en plenitud.

"Eres mujer. Eres fuerte porque no eres constante, porque el ritmo del cambio es el ritmo del universo."

Miranda Gray, en *Luna Roja, los dones del ciclo menstrual.*

El vínculo con la Luna

ODILE CHABRILLAC, autora, naturópata, terapeuta y activista

«Cuando la luna está llena, henchida en el cielo, lo vivo como un momento de alegría y también como una elección: ¿hacia dónde voy a orientar mi poder? ¿Qué quiero obtener? ¿Qué deseo celebrar? Poner atención a los movimientos del astro, y también a los de la naturaleza que nos rodea, nos ayuda a desarrollar la *clarisensibilidad* (literalmente, sensación clara), es decir, el conocimiento a través del cuerpo, de la sensación. Esta percepción interior, que es más grande que lo que está en el exterior, nos ayuda a calmar nuestra mente, a percibir mejor la vida. Sin comentarios ni juicios». (De su libro *Âme de sorcière ou la magie du féminin*).

Los rituales de la luna llena

✳ El agua de luna

«Todo el mundo puede hacerlo: basta con poner en el exterior agua purificada la noche de luna llena. ¡El alféizar de la ventana es un lugar perfecto! Esta agua sirve para limpiar el altar o para purificarse. También podemos beberla si queremos amplificar una petición...».

✳ El esbat

«Los esbats son celebraciones que las brujas realizan durante la luna llena: como la luna está llena unas 13 veces al año, contamos 13 esbats. Estas celebraciones misteriosas marcan un punto culminante para el uso de los poderes mágicos de las brujas. Según ellas, cuando queremos emprender una tarea importante y difícil, es preferible ayudarse del poder lunar».

✳ Crear nuestro propio esbat

«En el exterior, una noche de luna llena, haz un ritual de celebración: danzas, cantos, ágapes con amigas y amigos... Después, escribe una petición sobre tu cuerpo (puede hacerse con un lápiz de maquillaje) y duerme desnuda (si puedes, en una tienda o una cabaña, pero en cualquier caso en un entorno donde la energía de la luna no encuentre obstáculos)».

Calendario lunar y menstrual

Este es un pequeño calendario lunar para asociar las diferentes fases de la luna con las de nuestro ciclo menstrual y completarlo con pequeños y sencillos rituales y piedras simbólicas que pueden ayudarnos a vivir mejor cada fase, para reencontrarnos con más facilidad.

DEL 1.º AL 6.º DÍA DE MENSTRUACIÓN

**MENSTRUACIÓN
NUEVA LUNA-INVIERNO**

Símbolo: la bruja.

Elemento: tierra.

Palabras clave: introspección, silencio, descanso.

Manifestaciones: la concentración disminuye, el cansancio se hace más evidente y aumentan las ganas de dormir; hipersensibilidad física y emocional.

Libido: amor intenso, casi espiritual. Es el momento de probar las prácticas tántricas.

Para mí: cuido de mi cuerpo, bajo el ritmo, me conecto con mi intuición profunda.

Rituales: masajes suaves, baño, liberación emocional a través del yoga, la meditación o la escritura.

Piedras asociadas: granate (energía vital), piedra de luna (atenúa los malestares vinculados a la menstruación y aumenta la intuición), obsidiana (introspección).

DEL 7.º AL 13.º DÍA DE MENSTRUACIÓN

**FASE PREOVULATORIA
LUNA CRECIENTE-PRIMAVERA**

Símbolo: la virgen.

Elemento: aire.

Palabras clave: dinamismo, compromiso, acción.

Manifestaciones: el cuerpo recupera su energía, sus plenas facultades, la capacidad de concentración y las apetencias de socialización. ¡Estoy lista para romper con todo!

Libido: sola o acompañada, me divierto, flirteo, exploro con ligereza y facilidad.

Para mí: avanzo en mis proyectos aprovechando mi concentración y motivación; las actividades físicas intensas y el cardio pueden ser las protagonistas: correr, andar en bicicleta, boxear.

Rituales: un drenaje linfático para potenciar la circulación, una lista de tareas para fijarme objetivos y alcanzarlos durante este periodo. Es el momento de ir a la peluquería si quiero que mi pelo crezca más deprisa.

Piedras asociadas: jaspe rojo (para favorecer el paso a la acción), piedra de sol o citrina (alegría, sociabilidad), crisoprasa (nuevos proyectos), ojo de tigre (equilibrio entre el yin y el yang en esta fase yang tan dinámica).

DEL 14.º AL 20.º DÍA DE MENSTRUACIÓN

FASE OVULATORIA
LUNA LLENA-VERANO

Símbolo: la madre.

Elemento: agua.

Palabras clave: entrega, reparto, esplendor.

Manifestaciones: funcionamiento óptimo de los órganos, humor excelente, buena energía que se proyecta hacia el exterior y hacia los demás, y no tanto hacia el dinamismo individual.

Libido: ¡en lo máximo! Fuertes pulsiones sexuales y amor profundo hacia la pareja.

Para mí: hago oír mi voz y escucho a los demás. Me apoyo en mi esplendor, lo comparto con el exterior saliendo o comunicándolo de todas las formas posibles. Doy un nuevo impulso a los proyectos que hayan perdido fuerza.

Rituales: tomar algo con amigas, ya que la luna llena es un momento ideal para el intercambio entre mujeres, una dieta minidetox o un ayuno intermitente para optimizar el funcionamiento del hígado y de los riñones, y un paseo por el bosque o un baño en el mar (si es desnuda, ¡mejor aún!) para conectar con la tierra.

Piedras asociadas: cuarzo rosa (dulzura, afecto), labradorita (acogida del prójimo, protección), ágata musgosa (conexión con la tierra), cornalina (creatividad, maternidad).

DEL 21.º AL 28.º DÍA DE MENSTRUACIÓN

FASE PREMENSTRUAL
LUNA DECRECIENTE-OTOÑO

Símbolo: la encantadora.

Elemento: fuego.

Palabras clave: pasión, reflexión, revelación.

Manifestaciones: pérdida de energía, de sueño y de memoria. Agitación, tristeza y melancolía asociadas normalmente al síndrome premenstrual. También intuición e impulsos multiplicados.

Libido: intensa, exigente, incluso audaz; es la fase más erótica del ciclo.

Para mí: planeo nuevas lecturas y momentos dedicados al desarrollo personal para explorar mis deseos, mis necesidades y los miedos que voy a sentir de manera más intensa durante este periodo. Voy hasta el fondo de mis problemas y los resuelvo. Dejo que mis sueños y mi creatividad me hablen.

Rituales: consulta astrológica u oráculo, diario de sueños, pintura. También puedo agendar un corte de pelo o una depilación, ya que en esta fase el crecimiento es más lento.

Piedras asociadas: amatista (conexión con lo espiritual), crisocola o lepidolita (calma la agitación mental), rodocrosita (para expresar con calma las emociones), cuarzo ahumado (anclaje para la agitación mental).

ATENCIÓN
Hemos tomado como base un ciclo de 28 días, aunque muy pocas mujeres tienen un ciclo que coincida exactamente con esta duración. Se trata de que cada una cuente a partir del primer día de menstruación y, en función de las correspondencias, establezca sus diferentes fases personales. ¡Al calendario!

La importancia del signo lunar

Las fluctuaciones de la Luna tienen una importancia enorme en astrología, tal y como subraya la astróloga Sandrine Verrycken: «Al contrario que el Sol, que cambia de signo cada mes, ¡la Luna lo hace cada dos días y medio! Esto puede influir de manera considerable en el humor que tengamos en cada momento, en el buen o en el mal sentido, según la configuración de la Luna con respecto a nuestros planetas. Por ejemplo, hablamos de personas viscerales, que se deja llevar por emociones y sentimientos. Se trata de caracteres sobre todo «lunares»: su configuración planetaria las vuelve particularmente sensibles a los cambios de la Luna. Esto puede evolucionar con el tiempo, ya que nuestros planetas también están impulsados a desplazarse, pero esto podría explicar determinadas reacciones ».

Asimismo, el signo lunar, a menudo presentado como un tema menor por los horóscopos, de hecho, se adapta mucho más a nuestro día a día. Así lo explica Sandrine Verrycken: «Nuestro signo lunar está íntimamente relacionado con nuestra sensibilidad, con nuestro mundo emocional, con nuestra subjetividad, y además con nuestra más tierna infancia. Es una poderosa herramienta para comprender nuestras reacciones en la vida diaria, mientras que el signo solar solo aporta rasgos de nuestra personalidad y nos invita a irradiar sus cualidades». Dos aproximaciones bien distintas que no hay que pasar por alto.

«Nuestro signo lunar está íntimamente relacionado con nuestra sensibilidad, con nuestro mundo emocional, con nuestra subjetividad».

Cuando la Luna se hace política

Podemos darnos cuenta de que precisamente en la astrología, como en otros ámbitos, el enfoque lunar y, por tanto, femenino o yin y al mismo tiempo cambiante, abierto hacia los demás y benévolo, ha sido a menudo apartado por una perspectiva más masculina y yang, recta, dinámica, fija e individualista. Solo tenemos un signo astrológico, interpretamos el papel, nos consideramos como un tipo de mujer o de madre...

Adoptar una perspectiva lunar sobre el mundo invita a evaluar de manera distinta nuestro entorno, a asumir una postura tanto de observadora como de protagonista, según nuestro propio ciclo. A no definirse para siempre en una casilla fija o en otra. Aceptar la lentitud, el cambio, el valor del momento presente, más que pretender mirar siempre hacia adelante. Tomar consciencia de nuestro carácter efímero en el gran ciclo de la tierra. La luna invita a escuchar y a respetar para resurgir humilde y fortificada al mismo tiempo. Todo un plan que podemos encontrar en las ideas de muchas brujas contemporáneas y comprometidas, en particular a través del ecofeminismo de Starhawk o la reflexión sobre el cuerpo femenino y la belleza percibida y vivida de Mona Chollet. Incluso en los proyectos de Fatoumata Kébé, joven astrofísica francesa que se prepara para ir a la Luna tras haberle dedicado un libro tan rico como accesible, *El libro de la Luna. Historia, mitos y leyendas*.

Pero saber cambiar de punto de vista no quiere decir abandonar la dualidad. Del mismo modo que el hombre debe aprender a desarrollar su faceta lunar y femenina, la mujer tiene que conservar un equilibrio entre su parte solitaria y masculina, que durante tanto tiempo se la ha obligado a buscar, y su parte lunar, que lo único que quiere es mostrarse. Esto no es más que la aceptación de los complementarios de modo que la humanidad pueda ir hacia la armonía de un hermoso día en el que el Sol y la Luna se alternan con una sublime sencillez.

La relación con la Luna

SANDRINE VERRYCKEN, astróloga

«La luna nueva y la luna llena son momentos de pausa, de respiración, como suspendido en el tiempo. Estar en una posición receptiva en estas fases lunares permite alinearse con la energía de la estación zodiacal que se atraviesa e integrarla mejor. La Luna nos invita a tomar consciencia de nuestra naturaleza cíclica y a conectarnos con humanidad y humildad a la tierra y a los seres vivos, a respetar la vida».

Los rituales lunares

✳ Ritual de la luna nueva

«Paradójicamente, diría que el mejor ritual de luna nueva es no hacer ninguno. La luna nueva es el momento ideal para aislarse y concederse un viaje consciente, con una meditación guiada, por ejemplo, o mediante un panel de elementos recortados que podemos colgar en un lugar visible. Visualizamos, soñamos, imaginamos, pero sin formular ni escribir nuestras intenciones, ya que la luna nueva es un momento de pura subjetividad, completamente yin. Esperaremos el regreso de un poco de energía objetiva yang, de Artemisa y de su luna creciente dos días y medio más tarde para escribir lo que hemos soñado durante esta fase».

✳ Ritual de la luna llena

«La luna llena es un momento de celebración, de gratitud, de agradecimiento. La luna es, en este punto, la madre benévola que nos abraza en su matriz protectora a cuyo abrigo podemos expresar nuestros deseos más anhelados. Podemos optar por acompañar nuestra petición que viene del corazón con una intención de justicia propia de la Luna con un final como el siguiente: "Te pido lo que hay de mayor justicia, aunque sea lo contrario de lo que espero". En la fase siguiente de la luna decreciente, los resultados se revelarán más concluyentes... ¡y a veces sorprendentes!».

Cuidar
el
espíritu

Cantar el sonido de los chakras

Por Josée-Anne Sarazin-Côté

«Cuidar de nuestro cuerpo puede hacerse mediante el canto. Vivimos en una sociedad que impide la expresión libre y espontánea de nuestras emociones.
Hay que conectarse con las prácticas que liberan lo ha que sido apresado. La voz es una potente herramienta, ya que su vibración es liberadora».

Beneficios físicos

Cantar ayuda a liberar muchísimas emociones y con ellas la energía estancada (que no te sorprenda si rompes a llorar). Este ritual ayuda a que el flujo de energía circule de manera más fluida. Libera las tensiones, ayuda a curar las heridas emocionales y los traumas. Clarifica las ideas, destruye los miedos y ayuda a conectar la intuición con lo divino. Ayuda en todos los ámbitos de los chakras, ya que trabajamos sobre cada uno de ellos.

¿En qué casos practicaremos el canto?

Si sentimos un descenso de la energía o un bloqueo vinculado a alguno de los chakras.

✳ **Por ejemplo (muy sencillo):**
1. Enraizamiento, seguridad.
2. Sexualidad, creatividad, heridas.
3. Poder personal, confianza, apetito vital, fogosidad y pasión.
4. Amor, amor propio, perdón.
5. Comunicación, miedo a tomar la palabra, miedo de ser escuchada.
6. Conexión con la intuición, con el alma, con la magia.
7. Conexión con lo divino, a lo más grande que una misma, a la humanidad.

✳ **O simplemente,** si tenemos ganas de dedicarnos un momento, es un hermoso ritual que nos ayudará de manera espontánea a alinearnos, a conectarnos con nosotras mismas y a requilibrar lo que haga falta.

OU

AIL

OOOO

Ejecución del ritual

✳ **Asegúrate de estar en calma,** en una habitación donde puedas hacer todo el ruido que desees y, sobre todo, donde estés segura de que no va a entrar nadie a interrumpirte.

✳ **Siéntate en una posición cómoda,** tómate tiempo para respirar, calmarte y centrarte. Si lo deseas, puedes hacer de este momento un pequeño ceremonial previo purificando el espacio (con incienso, por ejemplo), utilizando un aceite esencial, rodeándote de objetos que sientes sagrados, etc. Eso sí, ¡nada de música!

✳ **Empieza despacio a pronunciar los sonidos,** comenzando por el primer chakra, durante algunos minutos (al menos, 10 respiraciones con el sonido en la expiración). Después, de forma continua, repítelo con cada chakra. Hay que superar la incomodidad que probablemente te causará al principio.

1 El sonido **EUH** es muy bajo, casi gutural. Aconsejo poner las manos en el suelo mientras se pronuncia.

2 El sonido **OU** sigue siendo muy grave, pero no tanto como el primero. Colocar las manos sobre el útero.

3 El sonido **OOOO** ha de ser un poco más agudo con las manos situadas por encima del ombligo.

4 El sonido **AAAA,** más agudo; manos sobre el corazón.

5 El sonido **AIL,** más agudo; manos en la garganta sin ejercer presión.

6 El sonido **EEEE,** más agudo; manos sobre el tercer ojo (entre las cejas).

7 El sonido **IIIIIIIII,** más agudo; manos que flotan sobre la cabeza.

Para terminar, tómate un tiempo en completa libertad, unos diez minutos para dejar que tu cuerpo produzca los sonidos que necesite. Posiblemente sea una mezcla de todo o del mismo sonido sobre el mismo tono durante diez minutos. No hay reglas; todo es apropiado, Solo hay que concederse permiso para escucharse, sin juzgar.

Perdonar y pasar página

Por Vanessa Krstic

«El perdón forma parte de la vida de cada una de nosotras. Hay algunos más difíciles de conceder que otros y no siempre estamos preparadas para hacerlo. Se trata de un proceso personal y hay que esperar al momento adecuado, a que estemos preparadas. Perdonar no significa olvidar lo que ha pasado o justificar los actos que nos han herido.
El perdón es una liberación que nos damos a nosotras mismas, un paso inmenso hacia la paz interior. Perdonamos por nosotras».

MATERIAL:
- 1 vela blanca
- 1 hoja en blanco
- 1 lápiz
- 1 sobre
- 1 cerilla
- 1 recipiente no inflamable

Ejecución del ritual

1 Enciende una vela blanca.

2 Tómate tu tiempo para reconectar contigo misma y con el universo, concentrándote en tu respiración y en el chakra del corazón: «Lo visualizo como una bola de luz magnífica».

3 Cuando te sientas alineada, serena, en un sentimiento de amor, escribe una carta a la persona que quieres personar y con quien quieres pasar página: «Expreso todo lo que siento, del enfado a la tristeza, pasando por la nostalgia e incluso por la alegría, pensando en momentos felices con esta persona».

4 Mete la carta en el sobre.

5 Guarda la carta hasta la próxima luna nueva y esa noche quémala en el exterior dentro de una marmita o en un recipiente no inflamable.

«Visualizo el chakra del corazón como una bola de luz MAGNÍFICA».

MANTÉN SIEMPRE VIVO ESE PEQUEÑO LUGAR DENTRO DE TI DONDE CRECE LA MAGIA.

Aumentar la CONFIANZA en una misma

El animal totémico

POR KATIA BOUGCHICHE

«Hay que ver la confianza como un músculo. Un ritual en sí mismo no basta para aumentar la confianza; son más bien pasajes del acto los que la harán aparecer. Para ello, sugiero contactar con nuestro animal totémico con el fin de apoyarnos en sus recursos y pasar a la acción. Ganar confianza no se consigue con unos pocos rituales, es un camino por el que nuestro animal totémico puede acompañarnos y guiarnos».

¿Qué es un animal totémico?

«Un animal que habita nuestros músculos y nuestros huesos», cuya simbología corresponde a nuestra propia naturaleza, a nuestros deseos, a nuestra dimensión animal. No se elige al animal totémico; es él quien nos elige. También se le conoce como «animal de poder». Para los chamanes, conocer el animal totémico supone una poderosa medicina: aumentamos la confianza en nuestro instinto, nos sentimos más seguras y firmes en nuestras elecciones.

El ritual

Hay muchas maneras de descubrir y conocer a nuestro animal totémico. Lo más importante es hacerlo con determinación, ya que tenemos la capacidad de solicitarle que se nos revele. Podemos pedirle que nos habite aún más según las experiencias que atravesemos.

Descubrirlo a través de la infancia: cuando eras niña, ¿cuál era tu animal favorito? ¿Cuál era el que siempre dibujabas?

Descubrirlo en un paseo: en plena naturaleza, cierra los ojos. Deja que tus pensamientos fluyan y expresa el deseo de conocer a tu animal totémico en un sueño.

Algunos tótems...

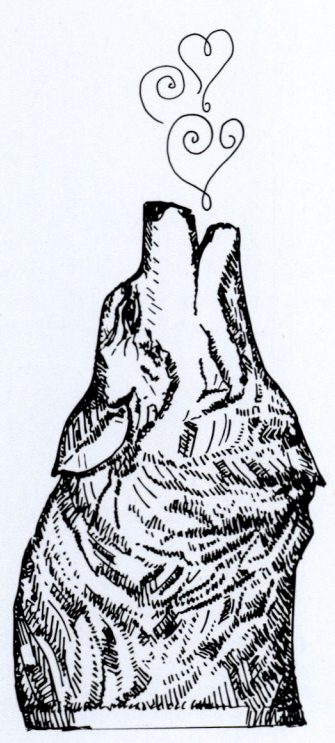

El tótem del lobo

Sus dones: la compasión, la ternura, la creatividad, la lealtad, el gusto por la fantasía, el altruismo, la imaginación.

Advierte contra: la indecisión, la pereza, la falta de voluntad, las ganas de huir, la falta de responsabilidad.

El tótem del búho

Sus dones: el sentido de la justicia, la rectitud, la sabiduría, el optimismo, el epicureísmo, el gusto por la libertad y la independencia.

Advierte contra: la intolerancia, el orgullo, la negligencia, la inestabilidad, la falta de tacto.

El tótem de la nutria

Sus dones: la creatividad, la alegría, el humor, la curiosidad, la honestidad, la inventiva, el humanismo.

Advierte contra: el lado rebelde y transgresor no siempre utilizado con buena fe, la excentricidad, la imprevisibilidad, la intransigencia.

El tótem del oso

Sus dones: el ardor en el trabajo, la eficacia, la rectitud, el gusto por la precisión, la discreción, la modestia, el análisis.

Advierte contra: el sentido crítico sistemático, el perfeccionismo, la ansiedad, el aislamiento, el mutismo.

La oración de la noche y de la mañana

Por Amandine Arcs

La oración se define como una comunicación o una apertura a lo sagrado, a la trascendencia. Puede practicarse fuera de toda religión o culto; es un proceso interior y personal. No hay reglas ni códigos para lanzarse a la oración; basta con dejar hablar al corazón, con escuchar nuestras emociones. Para ayudarte, he aquí dos oraciones guiadas: una para la mañana y otra para la noche, orientadas hacia una misma y hacia los demás. «Difunde una corriente de amor y paz a todas las formas de vida de la tierra a través de tus pensamientos y palabras. Que estas palabras lleguen a todos los que las necesitan».

Ejecución del ritual

1 Colócate cómodamente en un lugar tranquilo donde te sientas bien.

2 Guarda silencio en tu interior y respira profundamente.

3 Cuando sientas calma y que los pensamientos desaparecen, pon tu mano en el corazón y pronuncia una de estas oraciones en voz alta o en silencio, según lo que sientas.

"Es mejor poner el corazón en la oración sin encontrar palabras que encontrar palabras sin poner el corazón en ellas."

GANDHI

La oración de la mañana

Como sale el sol por la mañana
que el sol salga en nuestros corazones.

Que la lluvia purifique nuestros cuerpos de las toxinas
acumuladas.

Que el viento ahuyente nuestros pensamientos negativos
y derribe las barreras que creencias erróneas
han erigido en nuestro camino.

Que el amor, la alegría y las bendiciones acompañen
mi vida cotidiana y la de todas las formas de vida
que habitan la tierra.

Por hoy y por todos los días de mi vida,
pido protección, bajo las alas de aquellos que
me han guiado desde entonces y para siempre.

La oración de la noche

Que la luna vele por nosotros esta noche
para que nuestra alma se eleve y conozca las respuestas
incluso antes de que nos lleguen las preguntas.

Que las estrellas nos guíen siempre
y nos recuerden cuando lo olvidemos
que todo el universo reside dentro de cada uno de nosotros.

Cuidar
el
cuerpo

Para un sueño reparador

Cuidar del cuerpo tiene que ver, evidentemente, con buenas noches de sueño para recargar las pilas. Como dice el refrán, a veces las cosas importantes «hay que consultarlas con la almohada», así que, para aprovechar del abrazo de Morfeo, he aquí dos rituales sencillos para facilitar el sueño y pasar una buena noche.

La tisana bruja relajante

Por Amandine Arcs

INGREDIENTES:
- 1 cucharadita de hojas de pasiflora
- 1 cucharadita de hojas de naranjo
- Miel al gusto

✺ **Preparación:**

En una taza con agua hirviendo ponemos las hojas de pasiflora y las de naranjo. Dejamos infusionar durante diez minutos y después colamos. Si queremos un toque dulce, optaremos por la miel, que es reconfortante.

Piedras para colocar debajo de la almohada

Por Mayia Alleaume

Para un sueño reparador y una noche llena de dulces sueños, colocaremos bajo la almohada piedras rodadas, previamente recargadas y purificadas:

- La hematita para reparar el cuerpo y el espíritu.
- La amatista (*véase* página 42) para encontrar la paz interior y aumentarla.
- El cuarzo rosa (*véase* página 47) para calmar y favorecer la conciliación del sueño.

✳ **Las piedras rodadas son piedras pulidas,** suaves y redondeadas. Aunque hayan sido trabajadas, las piedras conservan su energía y sus vibraciones, así que no hay riesgo de arañarse si dormimos con ellas.

✳ **Para recargar las piedras,** basta con colocarlas en el alféizar de la ventana en una noche de luna llena.

✳ **Para purificar las piedras** existen varios métodos:

- **La purificación con agua:** hay que dejarlas sumergidas en un bol con agua (del grifo o desmineralizada) de dos a cuatro horas. De esta manera, se descargarán de las energías acumuladas durante los rituales. Sin embargo, hay que tener cuidado porque algunas piedras no soportan el agua (por ejemplo, la azurita, la celestita, el granate, la pirita o el azufre).
- **La purificación con sal:** hay que colocar la piedra sobre un montoncito de sal marina para que absorba las energías y las descargue.
- **La purificación con tierra:** para una purificación en profundidad, enterraremos las piedras durante varias semanas. Recuperarán una energía increíble. No hay que olvidar el lugar donde las hemos enterrado y cuando las saquemos, las lavaremos muy bien con agua antes de volver a utilizarlas.
- **La purificación con humo:** es el método más sencillo porque solo hay que poner la piedra bajo el humo de incienso o de palo santo.

La hematita

Simboliza el anclaje y la escucha de sí. Normalmente es negra o gris plateada y protege y equilibra el cuerpo y el espíritu.

El baño de luna nueva

Por Sophie Hérolt Petitpas

«El ciclo lunar es un ciclo natural poderoso y accesible. Cada 28 días, el tiempo del ciclo menstrual de la mujer, la Luna realiza una danza celeste visible a simple vista. Desde la noche de los tiempos, los hombres y las mujeres han seguido el ritmo de la Luna, un vínculo que les ha permitido cultivar, contar el tiempo, conectarse con la naturaleza. Nacida bajo el signo de Cáncer (el signo de la Luna), me siento profundamente vinculada a esta brújula.
El baño lunar es uno de mis rituales favoritos. Priorizo el de luna nueva.
Mi naturaleza soñadora me guía de manera natural hacia ese inicio de ciclo propicio a la ensoñación y a la apertura de espíritu».

La energía de la luna nueva

La luna nueva abre el ciclo. Es invisible, pero su presencia es intensa, subjetiva e inspiradora. La luna nueva nos invita a renacer, a cultivar el nuevo ciclo que llega, a manifestar intenciones. Como todos los comienzos, la situación es aún algo confusa, embrionaria. ¡Todo es posible! La luna nueva es un tiempo de apertura, de sueños, de proyección y de anhelos. Invita a dejarse llevar para conectarse con lo interior, con los deseos y las necesidades. El baño de luna nueva es un momento de absoluta relajación, de calma y de placer; es la ocasión de acoger las emociones, los sueños y el estado de ánimo para, poco a poco, transformarlos en intenciones. Según la estación, este baño adquiere un color o un toque diferente. Pasamos de una energía yin en la que la interioridad es la protagonista sobre la afirmación en otoño y en invierno para dirigirnos después a una fase yang en primavera y en verano, dos estaciones durante las que poder centrarnos en la manifestación, la abundancia y la energía física. La influencia de la luna nueva empieza a sentirse tres días antes del día fijado. Nos encontramos entonces en una fase balsámica, en la que hacer balance y limpieza energética para acoger el nuevo ciclo. Es un tiempo en el que el inconsciente se manifiesta a través de las sincronías y de los sueños. Tomemos nota de ellos, ya que nos darán indicios sobre qué semillas sembrar durante esta luna nueva.

Preparación del baño

Este baño ofrece un efecto envolvente, protector, confortable. Su textura, su perfume, sus poderes aromáticos favorecen la infusión de las energías emergentes, la gestación de ideas, la emergencia de la novedad. ¿El objetivo? Dejarse llevar para conectarse con la propia naturaleza profunda. Así pues, sea cual sea la estación, optaremos por baños calmantes, relajantes, regeneradores. Cuidaremos la decoración y el ambiente. Prepararemos un ramo de flores de temporada, una lista de música relajante, una vela, una infusión. No te dejes encerrar por consignas o recetas; sigue tu instinto porque es tu mayor aliado. Si te apetece, por ejemplo, usar una vela azul, utilízala. Añade un cristal, una foto, un objeto preciado; déjate guiar por tus apetencias.

Un baño, una estación, una intención

Unir las estaciones al ciclo lunar es un valor añadido. Permite integrar el ciclo solar que marca las estaciones y realizar de este modo la unión entre lo femenino (luna) y lo masculino (sol). He aquí cuatro intenciones generales conectadas a las cuatro estaciones. Estos mantras son indicativos de un estado de ánimo. Te invito a reformularlos y ajustarlos en función de lo que sientas y de tus necesidades personales.

✸ **En invierno, conecto con mi fuerza interior,** estoy en calma y en silencio para permitir que mi cuerpo y mi alma descansen.

✸ **En primavera, conecto con mi energía vital,** mi impulso creador. Permito que salga, que emerja en el gran día.

✸ **En verano, conecto con mi creatividad,** mi alegría vital, mi singularidad. Me aporto los medios para expresarme y brillar.

✸ **En otoño, conecto con mi sabiduría,** mis ideas, mis protecciones y mi saber hacer. Agradezco a la vida y a la naturaleza por todo lo que me han dado y me comprometo a proteger y conservar sus recursos y los míos.

Las recetas

El baño de luna nueva de invierno

El ambiente. Coloca elementos de temporada recogidos de la naturaleza (corteza, ramas, bayas, etc.). Elige una vela blanca o violeta para purificar el ambiente, abrir el campo de consciencia y favorecer la relajación. Prepara una infusión a base de 1 cucharadita de **flores secas de tila**, 1 cucharadita de **lavanda sec**a y 1 cucharadita de **miel.**

1 Llena la bañera con agua a 35-37 °C.

2 Añade un puñado de **sal de baño normal**, de **Epsom** o del **Himalaya.**

3 Añade algunas **hojas de albahaca sagrada** o **tulsi**, un puñado de **flores secas de manzanilla** y un puñado de **flores secas de madreselva.**

4 En un bol, mezcla un poco de **gel de ducha natural sin olor** o **agua floral de hamamelis**, 5 gotas de **aceite esencial de naranja dulce**, 5 gotas de **aceite esencial de sándalo blanco** y 5 gotas de **aceite de camomila romana.** Vertemos el preparado en la bañera.

Duración: de 20 a 25 minutos.

El baño de luna nueva de primavera

El ambiente. Haz un ramo de flores de temporada. Elige una vela verde, símbolo de juventud, fertilidad y abundancia. Prepara una infusión a base de 1 rama de romero, 1 cucharadita de miel y la ralladura de 1 limón.

1 Llena la bañera con agua a 35-37 °C.

2 Añade un puñado de **sal de baño normal**, de **Epsom** o del **Himalaya.**

3 Añade **pétalos de rosa, lilas** o **jacinto.**

4 En un bol, mezcla un poco de **gel de ducha natural sin olor** o **agua floral de rosa**, 4 gotas de **aceite esencial de bergamota**, 4 gotas de **aceite esencial de geranio rosado** y 4 gotas de **aceite de lavanda.** Verteremos el preparado en la bañera.

Duración: de 20 a 25 minutos.

El baño de luna nueva de verano

El ambiente. Haz un ramo de flores del campo. Elige una vela amarilla, símbolo de creatividad, energía vital y felicidad. Prepara un **té blanco** helado, añade un **melocotón** cortado en dados, el zumo de ½ **limón,** una ramita de **menta** fresca y **cubitos de hielo.**

1 Llena la bañera con agua a 35-37 °C.

2 Añade un vaso de **leche animal** o **vegetal.**

3 Añade **flores de lavanda, pétalos de girasol** y **una rama de canela.**

4 En un bol, mezcla un poco de **gel de ducha natural sin olor** o **agua floral de rosa**, 5 gotas de **aceite esencial de ylang-ylang,** 5 gotas de **aceite esencial de neroli** y 5 gotas de **aceite esencial de jazmín.** Vertemos la mezcla en la bañera.

Duración: de 20 a 25 minutos.

El baño de luna nueva de otoño

El ambiente. Coloca algunas frutas, bayas y una rama de trigo. Elige una vela marrón, símbolo de seguridad, bienestar, calma y anclaje. Prepara un **té blanco,** añade algunas gotas de **extracto de vainilla,** ¼ de cucharadita de **canela,** 1 cucharadita de **miel** (opcional).

1 Llena la bañera con agua a 35-37 °C.

2 Añade **hojas de frambuesa** y de **tila, ralladuras de naranja** y **granos de granada.**

3 En un bol, mezcla un poco de **gel de ducha natural sin olor** o **leche de coco,** 4 gotas de aceite esencial de melisa, 4 gotas de **aceite esencial de camomila romana** y 4 gotas de **aceite esencial de lavanda.** Vertemos la mezcla en la bañera.

Duración: de 20 a 25 minutos.

¡ATENCIÓN!
Antes de utilizar los aceites esenciales, infórmate sobre sus contraindicaciones.

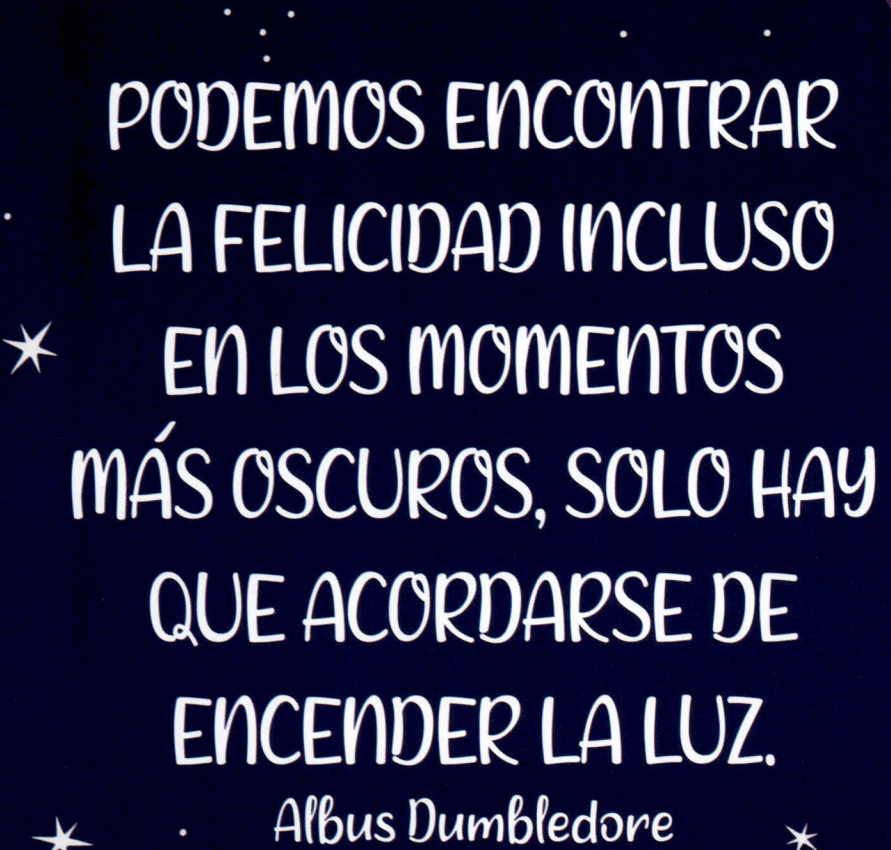

PODEMOS ENCONTRAR
LA FELICIDAD INCLUSO
EN LOS MOMENTOS
MÁS OSCUROS, SOLO HAY
QUE ACORDARSE DE
ENCENDER LA LUZ.
Albus Dumbledore

Aumentar la ENERGÍA sexual y la sensualidad

Contactar con una diosa sensual

POR KATIA BOUGCHICHE

« Para reconectar con nuestra sensualidad, podemos hacer un ritual de luna llena, contactar con una diosa conocida por su gran sensualidad y pedirle que nos ayude a aumentar nuestra energía sexual. »

MATERIAL:
- 1 vela roja, mirra o aceite esencial de jazmín
- 1 vaso de vino tinto o zumo de granada
- Cualquier accesorio que te evoque sensualidad

Elegir la diosa de la sensualidad...

Numerosas diosas evocan sensualidad, sexualidad, amor y belleza. He aquí cuatro ejemplos que podrán inspirarte:

Isis, diosa de la magia sexual.
Afrodita, diosa del amor y de la belleza.
Lilith, diosa de la sexualidad aceptada.
Inanna, diosa del amor y de la sexualidad.

El ritual

Elige la diosa sensual que quieres invocar.

Enciende la vela que evoca el fuego de la sensualidad o quema mirra o un aceite esencial de jazmín.

Llama a la diosa que quieres invocar tres veces por su nombre. Siente su energía y dirígele una oración, como si hablaras con tu mejor amiga. Pídele, con tus propias palabras, que te ayude a sentir, a expresarte y a multiplicar tu energía sexual.

Puedes acompañar este ritual con la degustación de un vaso de vino tinto o de zumo de granada. También puedes dejar que tu sexualidad se exprese con una danza con la música sensual que más te guste. Observa qué ocurre en los días siguientes.

Un aceite de masaje para después de la meditación

El aceite de Venus

Por Aurora, La hija de la estrella

«Utilizo este aceite para darme un masaje por el cuerpo cuando lo he purificado con un baño o si lo he calmado con una sesión de meditación. También protege de las energías negativas y ayuda a la aceptación de una misma, al amor por una misma».

PREPARACIÓN: 5 MINUTOS
TIEMPO DE REPOSO: 1 SEMANA

INGREDIENTES:

- 1 cucharadita de flores de jazmín
- 1 cucharadita de verbena
- 1 malaquita
- 100 ml de aceite de oliva, preferiblemente bio
- 10 gotas de aceite esencial de rosa
- 4 gotas de vitamina E para su conservación
- 1 cuarzo rosa (*véase* página 47) para aumentar la calma (opcional)
- 1 tarro pequeño con tapa

Elaboración

1 Prepara esta elaboración un viernes: machaca las flores de jazmín y verbena hasta obtener un polvo.

2 Introduce todos los ingredientes en un tarro y deja macerar durante una semana. La preparación se conserva un mes como máximo alejado del calor y de la luz.

Ritual

Después de un baño purificante o una sesión de meditación, coloca las piedras delante de ti y, con plena consciencia, aplica el aceite, previamente colado, sobre el cuerpo realizando movimientos circulares.

La malaquita

Es una piedra magnífica con matices verdes magnéticos.
Símbolo de calma, invita a superarse.
Libera de los bloqueos emocionales, protege, desarrolla la energía positiva y absorbe la energía negativa.

Frágil, la malaquita tiene que manipularse con cuidado. Como actúa como una esponja para las malas energías, hay que purificarla muy a menudo.
Para ello se puede utilizar:
- Agua. Aclara la malaquita con agua mineral durante algunos segundos y sécala después con un paño suave.
- Humo de incienso o salvia.

Tras la purificación, para devolverle su poder y recargarla, basta con ponerla cerca de una fuente de luz natural como el sol (cuando no sea demasiado fuerte) o exponerla a los rayos de la luna durante algunas horas.

Cuidar
el
interior

El atadito de purificación

Purificar la casa

Por Josée-Anne Sarazin-Côté

«Desde hace milenios, los hombres y las mujeres queman plantas aromáticas secas durante las ceremonias religiosas o con fines medicinales. A menudo utilizamos un atadito de purificación para sanear un espacio y disipar las energías, los pensamientos y los espíritus negativos que pueden contaminar nuestra vida cotidiana. Numerosas plantas pueden servir para hacer un atadito de purificación. Recomiendo prepararlos en casa con plantas que tengamos a mano. Sus beneficios serán más poderosos y es mucho más respetuoso con el planeta».

MATERIAL:
- Plantas secas de nuestra elección: salvia blanca, lavanda, romero, cedro, hierba dulce, rosa, enebro, artemisa...
- 1 trozo de cuerda natural de unos 30 cm
- 1 recipiente resistente al calor
- Cerillas
- Arena o agua para apagar el atadito de purificación cuando queramos terminar el ritual

Elaboración

1 Une las plantas brujas que has reunido en casa y córtalas en tiras iguales de unos 15 cm.

2 Forma un ramillete y átalo con la cuerda: comienza por la base del ramo, ve subiendo mientras cruzas la cuerda. Termina con un nudo bien apretado.

Ritual

1 Enciende un extremo del atadito, deja que se queme durante algunos segundos y después apaga la llama agitando el atadito en el aire o soplando.

2 Gracias a la brasa que se habrá creado, saldrá un humo para que lo disperses agitando el atadito en las habitaciones que quieres purificar.

3 Puedes dejar que el atadito se consuma en un bol resistente al calor.

4 Abre bien todas las ventanas para que salgan el humo y las malas energías.

5 Para apagar el atadito, puedes aplastar las brasas o recubrirlo con un poco de arena o de agua.

6 Antes de guardar el atadito de purificación para un próximo uso, asegúrate de que está bien apagado.

El palo santo, una madera que se ha hecho famosa

Si no tienes tiempo o el material para hacer un atadito de purificación, también puedes quemar madera de palo santo, un árbol sagrado del Amazonas conocido por sus propiedades purificantes. En vías de extinción, esta madera está protegida y solo se pueden usar las ramas que se caen de manera natural. Muchas compañías se aprovechan de la popularidad de las prácticas de purificación y no respetan esta consigna. Las empresas éticas mencionan sistemáticamente que la madera ha sido recogida de manera natural: elige este tipo de palo santo.

Crear un altar propio

Montar un altar en casa es sacralizar un lugar para meditar, rezar o celebrar rituales. El altar no está reservado a la práctica religiosa; permite materializar un lugar sagrado donde poder invocar en total tranquilidad y serenidad a las divinidades en las que crees y así conectarte a tu poder sagrado. Este altar es el tuyo, no hay reglas específicas para crearlo: lo esencial es que te guste y te inspire.

Spending Summer
Sea. Cooking Pasta
Fresh Lino Keeping A
House Plant Alive. The
Smell of Rain. First
Moonlight. The
Sound of Rain on a
Roof. Nostalgic Smell
Fresh flowers. The Smell
of Old Books. Sunday
Cleanings. Strong Coffee
conversation A
Tea You

NE
RO
LI

5 consejos para crear tu altar

1 Elige un lugar tranquilo, con poco tránsito. Puede ser una habitación (una sala desocupada, un despacho) o un pequeño rincón resguardado (un hueco en la pared, una balda). El altar se puede instalar sobre una cómoda, una estantería, el alféizar de una ventana: deja que tu instinto te guíe.

2 Determina los objetos que van a componerlo. También en este punto eres libre de elegir los objetos: lo importante es que cada elemento tenga sentido para ti.

Normalmente, es aconsejable incluir los cuatro elementos: la **tierra** (con tus piedras preferidas), el **agua** (con conchas, por ejemplo, o incluso un jarrón con flores frescas), el **fuego** (con una o varias velas) y el **aire** (puede ser con incienso).

Otros elementos que pueden formar parte del altar son los iconos, fotos de seres queridos, objetos personales (una escultura, un cuadro, flores secas, etc.).

Es un lugar donde poder colocar también tu libro de rituales, tu diario de sueños, etc.

3 Crea un espacio acogedor. Es muy importante sentirse cómoda para estar presente en plenitud cuando realices tus rituales u oraciones. Coloca cojines delante del altar, una alfombra suave, mantas…

4 No olvides purificar el altar antes de empezar cualquier ritual. Por ejemplo, quemando incienso o un atadito de purificación. Para comenzar, enciende las velas del altar.

5 El altar evoluciona contigo. Ningún objeto es fijo: pueden evolucionar al ritmo de tus rituales o de tus deseos del momento. Lo importante es que siempre sea una fuente de inspiración, de recogimiento y de conexión contigo misma y con lo divino.

tierra

agua

fuego

aire

Allí donde hay una mujer hay magia.

NTOZAKE SHANGE

Escuchar
LOS SUEÑOS

El vaso de agua

POR KATIA BOUGCHICHE

«Muchas personas no consiguen acordarse de lo que sueñan. Sin embargo, recordar los sueños es de una riqueza asombrosa. Freud decía que era la vía real para conectarse con el propio inconsciente, reconectarse consigo mismo y con el alma. Todas las noches soñamos con mensajes para curar o evolucionar. Acordarse de los sueños permite ser autónomos en la propia curación y en la evolución, ya que nos sirven de guía. Podremos ser completamente autónomos en nuestro camino vital cuando aprendamos a escuchar nuestros sueños». »

MATERIAL:
- 1 vaso de agua o 1 taza de infusión de artemisa

La artemisa es una planta bruja que calma la excitación nerviosa y normalmente se usa en rituales de clarividencia. Se dice que ayuda a relajarse y que permite que nuestro espíritu se quede despierto para acoger visiones creadoras. Esta infusión no es aconsejable para mujeres embarazadas.

El ritual

Antes de acostarte, sírvete un vaso de agua o una infusión de artemisa. Sujeta el vaso y pon en él la intención de acordarte de lo que sueñes. Puedes cerrar los ojos y formular este deseo de manera clara. Después, toma la bebida y ve a la cama.

Cuando despiertes, abre una libreta que dedicarás a la escritura de tus sueños y anota en ella todo lo que has soñado, aunque no tenga sentido. A medida que vayan pasando las noches, el camino empezará a dibujarse.

Puede que no funcione enseguida y quizá te desanimes. No desesperes y persiste, ya que la noche desvela siempre sus misterios.

En la noche del _____ al _____.

Mis pensamientos y emociones antes de dormir:

_____

_____

_____

_____

_____

_____

_____

La historia de mi sueño:

_____

_____

_____

_____

_____

_____

_____

_____

_____

Mis emociones al despertar:

Mi interpretación de este sueño:

El mandala de piedras

Proteger la casa

Por Mayia Alleaume

«Proteger la casa de las malas vibraciones consiste pocas veces en luchar contra las energías negativas que provienen del exterior, sino más bien contra las que provienen de nosotros mismos, dirigidas contra nosotros o nuestros allegados. Un mandala de protección de una casa se construye, por tanto, para asegurar una armonía en el hogar, relajar las tensiones y limpiar nuestros pensamientos».

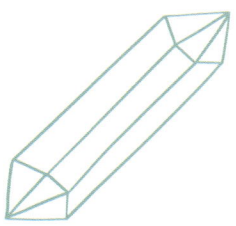

186

MATERIAL:
- 1 piedra de protección: turmalina negra (*véase* página 47), obsidiana negra, selenita, amatista (*véase* página 42) o cuarzo rosa (*véase* página 47)
- 6 piedras complementarias, como ojo de tigre (*véase* página 45)
- 6 piedras de activación: cuarzo o cristal de roca
- Algunos elementos personales que te gusten: flores frescas o secas, conchas, etc. (opcional)
- 1 plantilla impresa de mandala para saber cómo colocar las piedras (opcional)

Ritual

Elige entre las formas sagradas de la naturaleza: redonda, cuadrada, espiral... Estas formas invocan el infinito, la renovación, la proyección personal. Las formas más utilizadas son la flor de la vida y la semilla de la vida. El símbolo elegido tiene que corresponder con las apetencias del momento presente: ¡escucha tu intuición!

¿Qué es un mandala?

Mandala proviene del sánscrito, significa 'círculo' y simboliza el orden cósmico y psíquico. Una plantilla o mandala de cristales es un conjunto de cristales dispuestos según un motivo geométrico que amplificará nuestras vibraciones. Puede realizarse en cuanto sintamos la necesidad, aunque la luna nueva es el momento ideal para este ritual. Es un momento creativo, una meditación lúdica que libera las emociones.

1 **Comienza por el centro del mandala** colocando la piedra de protección.

Las piedras centrales son las que llevan la intención principal enviada al universo.

Elige la que más te inspire:
- **La turmalina negra** puede equilibrar las energías de la casa y también las propias.
- **La obsidiana negra** para un efecto más potente. El negro es el color protector en el universo de las piedras, no hay que tenerle miedo.
- **La selenita,** piedra benefactora, limpia las energías negativas.
- **La amatista** para calmar y aportar equilibrio.
- **El cuarzo rosa** para aportar amor.

2 **Para el segundo nivel,** elige piedras complementarias, como ojo de tigre, que atrae alegría y reactiva a nuestro niño interior.

3 **Para el tercer nivel,** escoge piedras que activen y amplifiquen las propiedades de las del anterior nivel. Optaremos normalmente por el cuarzo o el cristal de roca. Desde luego, el cuarzo rosa, la piedra del corazón, siempre será bienvenido, ya que todo hay que hacerlo con amor.

Para terminar y reforzar el mandala, puedes añadir regalos de la naturaleza: flores frescas o secas, una concha de la playa, una piedra que te traiga buenos recuerdos... Es importante aportar buena energía mientras se realiza el ritual y manifestar una intención positiva que brillará en casa.

Obsidiana

Piedra negra volcánica muy potente que actúa sobre los bloqueos, los choques o los miedos. Protege de las ondas negativas y favorece la realización de los objetivos de la vida. Espejo del alma, trae a la consciencia los elementos escondidos en el subconsciente. Como un escudo, expulsa las malas influencias para proteger a quien la posee.

Selenita

Piedra de apaciguamiento, purifica el ambiente y difunde lo positivo en el lugar de vida, limpiándolo de todo enfado y agitación. Colocada cerca de la cama, favorece la conciliación y el sueño profundo. También es una piedra que ayuda a hacer borrón y cuenta nueva del pasado para volver a empezar sobre bases más sólidas.

Feminidad
SAGRADA

Conclusión

Esta página no es el final de este libro de hechizos, sino el principio de una maravillosa aventura interior dedicada a profundizar en el conocimiento de tu poder y en la afirmación de tu feminidad sagrada.

No dudes en elaborar un cuaderno de rituales para anotar los que escojas como favoritos, las variaciones que hayas explorado y, sobre todo, para anotar tus emociones y sentimientos. Conviértelo en tu diario de bruja moderna. No olvides nunca que no hay una única manera de realizar un ritual: la fórmula correcta es la que se guía por tu intuición.

Llevar un diario personal puede ser un ritual en sí mismo. Si te sientes cómoda dibujando, ¡deja volar tu imaginación! Decora tú misma la portada, recorta imágenes y palabras que se dirijan a ti de las revistas y únelas para crear un todo que te guste.

Descubrir tu poder interior es una fuerza que hay que compartir. Cada una de nosotras puede convertirse en una mujer guía para otras mujeres que quieran explorar los tesoros de su feminidad sagrada. Este libro de hechizos es tuyo, pero puede transmitirse y completarse con numerosas obras que puedes descubrir en la bibliografía de la página 199.

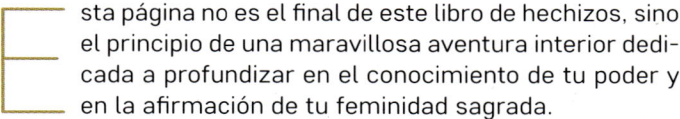

La aventura no ha hecho más que empezar.

Anexos

Índice de contenidos

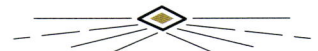

Índice de plantas y piedras

Bibliografía

Sarazin-Côté, Josée-Anne (2019). *Le grand livre du Féminin sacré.* Marabout.

Chollet, Mona (2018). *Sorcières, la puissance invaincue des femmes.* Zones.

Bechtel, Guy (1997). *La Sorcière et l'Occident.* Plon.

Chabrillac, Odile (2017). *Âme de sorcière ou la magie du féminin.* Solar.

Gray, Miranda (2019). *Lune rouge, les forces du cycle féminin.* Collection Le Jardin d'Ève. Slatkine et Compagnie.

Kebe, Fatoumata (2019). *La lune est un roman. Histoires, mythes et légendes.* Slatkine et Compagnie.

Salomon, Paul (2016). *La femme solaire, la fin de la guerre des sexes.* Albin Michel.

Verrycken, Sandrine (2021). *Rituels de femmes pour créer sa vie en 12 lunes, in Mon cahier Happy Moon, rites lunaires tout au long de l'année.* Astroetik.fr.

Agradecimientos

Gracias a...

Aurora, por haber confiado de nuevo la una en la otra en este segundo libro y habernos acompañado en la exploración de este tema apasionante.

Fanny, por haber sido de gran ayuda, una gran escucha y una gran paciencia para la elaboración de este libro de hechizos. Es una alegría haber podido crear este segundo libro contigo.

Katja, por haber ilustrado y aportado un complemento de alma a nuestras páginas gracias a tu talento y tu sensibilidad cósmica.

Stéphanie y Sara, por haber sido un tándem dinámico para la maquetación de este hermoso libro.

Zoé Fidji, por haber embellecido una vez más nuestros rituales con tus fotografías mágicas.

Mayia Alleaume, Amandine Arcs, Katia Bougchiche, Odile Chabrillac, Josée-Anne Sarazin-Côté, Sophie Hérolt Petitpas, Vanessa Krstic, Sandrine Verrycken et Aurore @lafilledeletoile_, por habernos confiado los rituales de vuestras vidas de brujas modernas.

Pauline de Saint-Sauveur, Marie Masuyer y Sophie Hérolt Petitpas, por habernos prestado vuestras plumas de nuevo para la culminación de esta obra.

Hilaire, por haber significado desafío y apoyo moral esencial en la escritura de este libro. Gracias por la precisión de tus comentarios.

Y, por supuesto, gracias a nuestras familias y a nuestras amigas y amigos, intrigados por este nuevo tema de escritura, por haber manifestado siempre una gran curiosidad y una impaciencia conmovedora por ver publicado, por fin, este libro. Ya está hecho. ¡Que lo disfrutéis!

Maya Angelou

«Admiramos la belleza de una mariposa, pero rara vez admitimos los cambios indispensables que tal belleza necesita». Acepta atravesar periodos transitorios de búsqueda, de confusión a veces, para avanzar.

Juana de Arco

Escucha tu vocecita interior. Si crees que es el momento de lanzarte o de intervenir en una situación, adelante. Tu fuerza de persuasión se une a ti.

Jacinda Ardern

Demuestra empatía. Si te has sentido decepcionada o contrariada por la reacción de alguien cercano, intenta ponerte en su lugar. Solo así podrás ver la situación desde su punto de vista, con mayor benevolencia.

Joséphine Baker

«Libertad, yo escribo tu nombre». Este verso de Aragon guiará tus pasos. Hazte cargo de tu independencia, ha llegado el momento de romper tus cadenas para deshacerte de los restos del pasado. Comprométete a poner el destino en tus manos.

Cone. Conus.

pl. 324.

F. 2.

F. 5.

F. 3.

© 2024, Editorial Libsa
C/ Puerto de Navacerrada, 88
28935 Móstoles (Madrid)
Tel. (34) 91 657 25 80
e-mail: libsa@libsa.es
www.libsa.es

ISBN: 978-84-662-4329-2

Derechos exclusivos para todos los países de habla española.

Traducción: Samara Ibarra Bernal
Título original: *Sorcière moderne*
Sorcière moderne © Webedia Books, 2021

"MAGIA es cuando actúa el ALMA."

Hildegarda de Bingen

Escucha tu voz interior. Toma nota de lo que ves
y de lo que sientes. Estás inspirada y conectada
con el universo. Descubre tus talentos de
curandera gracias a la magia de las plantas.
Adopta una vida sana y natural.

Beyoncé

¿Triste? ¿Melancólica? Despierta la mujer solar
y luchadora que está en tu interior. Sé luz
por ti misma y por los que están contigo.
¡No subestimes tu capacidad para brillar
e inspirar a los demás!

Brigid

Conéctate a los ciclos físicos naturales, psíquicos
y emocionales. Acepta tanto los momentos altos
como los bajos, la vida no es un largo río tranquilo.
Visualiza una espiral y entra con confianza
en el flujo de la vida.

Circe

Tu poder de seducción es inmenso; úsalo bien.
Tu magia es poderosa, pero no olvides mostrar tu
verdadero rostro. Abre tu corazón, no te encierres
en artificios ni en sortilegios.

Cleopatra

¿Sientes que las puertas están cerradas y todos los puestos ocupados por el género masculino? Reafírmate en tus ambiciones. ¡No te rindas! En el amor como en cualquier ámbito, no dejes que nadie decida por ti. Tu valentía te da alas.

Lady Di

Protege tu vida privada y tu intimidad; incluso aléjate de las redes sociales durante un tiempo o selecciona tus contactos. Son tu bien más preciado. Cultiva el misterio, es tu mayor fuerza.

Olympe de Gouges

Concéntrate en las personas que te llevan hacia adelante. Extrae de sus miradas lo que te hace avanzar y olvídate de las malas lenguas. ¡Acepta que no podemos gustar a todo el mundo!

Abuela Araña

Apóyate en la fuerza de lo colectivo, en tu comunidad y en tus allegados para avanzar. No te quedes sola, teje tu red y comunícate. Respeta a todos los seres que te rodean y recoge sus mensajes.

Guan Yin

El enfado y el resentimiento provocan una profunda tristeza. Haz las paces contigo misma y después con tu entorno para aprender a perdonar. Acepta ayuda si el camino o el perdón te resultan difíciles.

Gisèle Halimi

Luchar (contra tus propios demonios, una situación inaceptable, una mala influencia) puede ser agotador. Crea tiempos y espacios de descanso. Piensa en recargar las pilas acogiendo con sabiduría ese tiempo de pausa vital.

Hipólita

Quítate la armadura, disponte a acoger el amor. No escuches los rumores sin fundamento, sigue tu intuición y tu corazón. No desperdicies el lado masculino que hay en ti; acoge su energía con benevolencia.

Isis

No tengas miedo de tu luz, de tu poder, de tu creatividad. Brilla con fuerza, celebra tu belleza y tu poder de mujer soberana. Explora tu magia, orgullosa de ti y de lo que has conseguido.

Kali

No tengas miedo de la palabra «fin»; es necesaria para poder comenzar una nueva historia. Deshazte de lo que no es verdadero o bueno para ti. Acompaña al cambio, aunque tengas que «morir» para renacer en una mejor versión.

Rupi Kaur

La cuestión no es saber si aún lo quieres. La cuestión es saber si, mientras más avanza esa relación, más te quieres a ti misma y más te respetas.

Chimamanda Ngozi Adichie

A veces, es bueno que te cuestiones tu propia educación, tus conocimientos y tus creencias. No como desafío al mundo, sino como búsqueda del matiz y de la verdad.

Alexandria Ocasio-Cortez

Sal del síndrome de la impostora. ¿No cuentas con la trayectoria normativa? No importa; tus cualidades de oradora, tu capacidad de escucha y tu sentido de la empatía hacen de ti una excelente lideresa.

Michelle Obama

Cree en ti, no dejes que nadie te cierre las puertas: tienes tu propio destino en las manos. Reúne toda tu inteligencia, muéstrate y no tengas miedo de brillar: es por una buena causa.

Rosa Parks

¿Estás en tu sitio? ¿Has cedido ya a la presión por miedo o por no tener problemas? Si es así, levántate; ya es hora de decir que no y de resistir. Nada ni nadie puede impedir que cumplas tus sueños.

Charlotte Perriand

Imponte, es el momento de ocupar tu lugar. Ten cuidado con los que quieren apropiarse de tu trabajo: protege tu creación y mantén la grandeza de tu alma y tu espíritu de lo colectivo.

Perséfone

Asume tus deseos y tu sexualidad antes de que te pillen por sorpresa y te conduzcan por un camino más complicado. Acoge los misterios de la vida en todas sus formas. Escucha tu instinto; él sabe lo que es mejor para ti.

Niki de Saint Phalle

Haz las paces con tus demonios. Tu capacidad de resiliencia es tu mayor fuerza. Déjate llevar y abre tu lado oscuro para transformarlo en luz.

Sarasvati

Enorgullécete de tus conocimientos: transmítelos sin miedo y en total confianza. Exprésate: tu palabra es preciada y vale oro. Sal de las sombras: tus capacidades son reales y tus talentos apreciados.

Vandana Shiva

Reconecta tu corazón y tu cuerpo con la tierra madre abastecedora. Deshazte por un momento de tu teléfono y de las pantallas que intoxican tu espíritu y ciegan tu mirada.

Greta Thunberg

No te dejes invadir por el miedo paralizador o la desesperanza resignada. Puede que seas solo una gota en el océano, pero tu acción cuenta. Y tu determinación motivará a más de uno a seguirte.

Simone Veil

Contra viento y marea, tienes fuerza para enfrentar la adversidad. ¡Sé firme! Ignora los insultos y las burlas, traza tu propio camino con calma y elegancia. Hazte cargo de tus responsabilidades; eres fuerte y estás protegida.

Virgen María

Mírate con dulzura y compasión, te lo mereces. Escucha y habla a tu niña interior, cuídala. Reúnete con tu familia y tu comunidad para hacer crecer el amor en ti y a tu alrededor.

Virginia Woolf

«La vida es un sueño, despertar es lo que nos mata». No te dejes doblegar por las desilusiones que te hacen perder el rumbo de tu gran proyecto. Cultiva la gratitud para ver lo positivo en cada detalle.

Malala

No esperes a que sea demasiado tarde para expresar tu llama, reconciliarte con alguien o lanzarte al proyecto de tus sueños. Aparta tus miedos de un manotazo. La vida es corta e imprevisible. Cómetela a mordiscos.